HSU

「幸福論」シリーズ⑨

# 仏教的幸福論

## —施論・戒論・生天論—

HAPPINESS THEORY IN BUDDHISM

TEACHINGS ON OFFERING, PRECEPTS AND RETURNING TO HEAVEN

Ryuho Okawa

大川隆法

# まえがき

仏教には一般に暗く悲しいイメージがつきまとう。しかし、その仏教にも、一種の「幸福論」はある。基本的に「抜苦与楽《ばっくよらく》」が幸福への方法だが、そうした個別的人生相談で相手を苦しみから救済する以外に、一般的大衆布教としての「幸福論」はある。仏陀《ぶっだ》・釈尊《しゃくそん》の一般大衆救済の定番説法《ていばんせっぽう》が今回取り上げる『次第説法《しだいせっぽう》』である。内容的には「施論《せろん》」「戒論《かいろん》」「生天論《しょうてんろん》」であり、全国各地で布教に旅立った弟子たちも、内容的には見習っていたものと思われる。

さて仏教の開祖・釈尊は、どのようにこの世を生きれば来世の幸福が約束されると説いていたのか。

本書を一読し、仏教学習にアプローチをかけるきっかけになれば幸いである。

二〇一四年　八月二十三日

幸福《こうふく》の科学《かがく》グループ創始者兼総裁《そうししゃけんそうさい》

幸福《こうふく》の科学大学創立者《かがくだいがくそうりつしゃ》　大川隆法《おおかわりゅうほう》

仏教的幸福論――施論・戒論・生天論―― 目次

# 仏教的幸福論——施論《せろん》・戒論《かいろん》・生天論《しょうてんろん》——

二〇一四年八月二十日　説法《せっぽう》
東京都・幸福の科学　教祖殿《きょうそでん》　大悟館《たいごかん》にて

## 5

# 仏教的幸福論

## ―施論《せろん》・戒論《かいろん》・生天論《しょうてんろん》―

二〇一四年八月二十日　説法《せっぽう》

東京都・幸福の科学　教祖殿《きょうそでん》　大悟館《たいごかん》にて

# 1　仏陀《ぶっだ》自身が限りなく「幸福」を求めていた

## 幸福の科学の教義の中心に宿された仏教的精神

本書は「仏教的幸福論」と題し、伝統仏教に遺《のこ》る説法《せっぽう》のなかで、歴史上、実際に説かれたであろうと思われる「仏陀《ぶっだ》の定番」ともいうべき説法に触《ふ》れつつ、仏教における基本的な考え方や幸福論に迫《せま》っていければよいと思っています。

幸福の科学は新しい宗教ではありますが、「その中心に仏教的精神を宿している」と考えてもよいかと思います。宗教をどれもこれもミックスしすぎると混乱しやすいところもあります。

仏教と若干違《じゃっかんちが》う面があるとすれば、発展・繁栄《はんえい》的な面も出ているところでしょう。もちろん、時代を下《くだ》った大乗《だいじょう》仏教の時代に入れば、そういう面がないわけではありませんが、これについては、当会の教えのなかで、「仏陀の魂《たましい》の前身であるヘルメス●の考え方や影響《えいきょう》が、そうとう強く出ている」といった説明をしています。

●ヘルメス　4300年前にギリシャに実在した英雄。「愛」と「発展」の教えを説き、全ギリシャに繁栄をもたらし、西洋文明の源流となった。地球神エル・カンターレの分身の一人。

## 世界の実相を「苦《く》」と捉《とら》え、「真理」と置き換《か》えた仏陀《ぶっだ》の真意

さて、「仏教的幸福論」という題に対しては、「仏教は幸福論など説くわけがない」といった考えもあろうかと思いますので、それ自体にあまり賛成しない人がいるかもしれません。

「仏教では、『この世は悲惨《ひさん》で、苦しみや悲しみに満ちた世界だから、一日も早くこの世を去り、涅槃《ねはん》に入《い》ることが幸福だ』というように捉《とら》えており、幸福論などはおかしい」という考えを取る人もいるでしょうが、それも分からないわけではありません。

それについては、仏陀《ぶっだ》の悟《さと》りの中身をいろいろと検証する必要はあるかと思いますけれども、ゴータマ・シッダールタ、釈尊《しゃくそん》は、確かに、「苦《く》」という言葉を「真理」という言葉に置き換《か》えたような面もあります。

実際、そのように解説しているものもあり、世界の実相を「苦」と捉えたということから、「仏陀にとって、真理とは苦のことであり、苦とは真理のことだ」というように説く人もいます。

しかし、そのようなものは、言葉の上《うわ》っ面《つら》を捉えて言いすぎている面があり、まだその真意までは迫れていないのではないでしょうか。

## 「この世は苦《く》」であるのに、なぜ世界の人口は増えているのか

確かに、「この世は、苦しみや悲しみ、悩《なや》みや不安、あるいは穢《けが》れといったものに満ち満ちた、厭《いと》わしい世界である」というような言い方がされてはいます。「だから、この世に生まれてくるのは間違いだったのだ」というようなかたちで、簡単に方便的に説かれる場合もあるでしょう。

ただ、仏陀のそういう教えが説かれていたとしても、もうひと押《お》し考えてみれば、実際には、インドにしても、ネパールにしても、日本にしても、仏教が流行《はや》っているにもかかわらず、人口は増えていきました。

もし、「人間に宿る魂が天上界《てんじょうかい》に控《ひか》えていて、この世に生まれてくる」という考えを取るとすれば、彼らが、「この世に生まれてくることに何らかのニーズ、意味がある」と考えているということにもなるであろうと思うのです。そうでなければ、世界の人口が増えていくこともないでしょう。

したがって、「単に『無明《むみょう》』というだけの理由で、地上の人口が増えていると考えるのは、いまひとつではないか。やはり、この世の人生にも何らかの魂修行《しゅぎょう》としての面があって、人はこの世に生まれ変わってくるのだ」と考えるわけです。

ただ、純粋《じゅんすい》に魂の面から見れば、やはり、苦しみに満ちた世界に投げ込《こ》まれるように見える面がないわけではありません。そして、そのままこの世の考え方に染まってしまうと、肉体の五官に支配された「感覚的な存在としての自分」「感覚でつかんでいる自分」というものを自分だと思って生きる「迷いの人生」が待っていて、死後、来世《らいせ》でも迷うことになります。

簡単に言えば、そういうことかと思います。

## 盲目《もうもく》の弟子《でし》のために針に糸を通して功徳《くどく》を積んだ仏陀《ぶっだ》

また、「仏教において幸福を説くことは、教義的にいささか不穏当《ふおんとう》なのではないか」という考えを説く方もいるでしょう。

しかし、一例を挙げれば、仏陀《ぶっだ》の晩年近くの話として、次のようなものがあります。

十大弟子《でし》の一人にアヌルッダ（阿那律《あなりつ》）という盲目《もうもく》になった弟子がいます。この人の袈裟衣《けさごろも》にほころびがあって繕《つくろ》う必要があったとき、目が見えないために、針の穴に糸が通せずに苦労していました。そこで、「誰《だれ》か功徳《くどく》を積みたい人はいないか」と念じたところ、誰かがサッと来て針に糸を通してくれたので、「ありがとう」と言うと、それはほかの修行者ではなく、〝仏陀その人〟だったのです。目の見えない弟子のために、仏陀が針の穴に糸を通したわけです。

アヌルッダは仏陀に対し、「弟子のために、先生がそんなことをなさってはいけません。そういうことをなさるのはもったいないことです」と謙《けん》遜《そん》し、遠慮《えんりょ》をしましたが、仏陀は、「先ほどあなたは、『誰か功徳を積みたい人はいないか』というようなことを言っていたではないか。アヌルッダよ、私ほど『功徳を積んで幸福になりたい』と思う人間はいないんだよ」というような、驚《おどろ》きの言葉を発しているのです。

仏陀は一切《いっさい》の幸福から離《はな》れ、功徳などというようなものからも離れて、ただただ純粋な悟りのなかにだけいるのかと思ったところ、そうではなく、仏陀自身も、功徳を積んで幸福になりたいと思っているということを、アヌルッダに言ったわけです。

それは、仏陀の慈悲《じひ》の面、優《やさ》しさの面でもあろうとは思います。

弟子としては、「先生に針の穴に糸を通してもらう」などということはまことに申し訳ないことですし、周りのほかの弟子から嫉妬《しっと》を受けたり叱《しか》られたりする可能性があります。ですから、仏陀自身が、「私ほど『功徳を積んで幸福になりたい』と思っている人間はいないのだ」と語ったという話が経典《きょうてん》に遺っています。

その内容の具体性を見るかぎり、仏陀の晩年近い時期、実際に教団のなかであったエピソードの一つではないかと思われます。それはほぼ間違いないことでしょう。

## 2　仏陀《ぶっだ》が説いていた「幸福」の意味とは

「この世で功徳《くどく》を積み、来世《らいせ》、天界《てんかい》で幸福になる」という思想

「この世において功徳《くどく》を積んで幸福になりたい」という気持ちは、仏陀《ぶっだ》自身にもあったことを述べました。

この幸福感のなかには、もちろん、人間として生きている間の充実《じゅうじつ》した生き方という意味での幸福、すなわち、「他の人の役に立ち、この世にお

いても充実感溢《あふ》れる生き方をしたい」ということもあるでしょうが、それと共に、「この世で生きていたときに功徳・善行《ぜんこう》を積むことによって、来《らい》世《せ》、天界《てんかい》に生まれたときに幸福な生活が送れるように」というような思想も入っていたと思われます。

## 痩《や》せこけた成道《じょうどう》前と、晩年のふっくらとした仏陀《ぶっだ》の違《ちが》い

実際、教団が大きくなってからは、仏陀《ぶっだ》の代わりに弟子《でし》が托鉢《たくはつ》に行っていましたし、弟子も全員が行くわけではなく、交替《こうたい》制で行くようなことも多かったようです。

「今日はあなたが当番だから、村を回って托鉢してきなさい」というように、何人かで組をつくり、交替で托鉢をしていました。ほかの人は修行《しゅぎょう》したり教学したりすることがありますので、割り当てで何人分かをもらってきて、それをみんなで分けて食べていたとも言われています。

最初期においては、仏陀もほかの弟子たちとほぼ同様の生活をしていて、持ち物も食べ物もだいたい同じというかたちでしたが、四十五年もの長い間、法を説いているうちに、在家《ざいけ》信者の数が増え、「精舎《しょうじゃ》」という名の教団の修行処《しゅぎょうじょ》、宿処《しゅくしょ》も増えていくと、当然のことながら、人間の情《じょう》として、他の弟子とは扱《あつか》いに違《ちが》いが出てくるところもあるわけです。

成道《じょうどう》前の修行中の釈尊《しゃくそん》としては、あばら骨や血管が浮《う》き出て、頬《ほお》がこけ、目が落ち窪《くぼ》み、骸骨《がいこつ》に近いところまで痩《や》せた姿をしている像が遺《のこ》っています。それは「中道《ちゅうどう》の悟《さと》り」を得る前の苦行《くぎょう》中の姿ですが、晩年期の仏陀の姿としては、非常に穏《おだ》やかな顔をしてふっくらとした布袋《ほてい》様のような像もあります。

幸福の科学がアニメーション映画「黄金の法」（製作総指揮・大川隆法。二〇〇三年公開）をつくったとき、晩年の仏陀をずいぶんふっくらと描いていたので、私は「もう少し細くならないか。もっとスマートでもいいんだけど」と要望したこともありましたが（笑）、ずいぶんと丸っこく描かれてはいました。

ただ、歴史的に遺っている仏像を見ると、若いころと比べて、晩年は、やはりふくよかな顔と体つきをしていたことは、ほぼ間違いがないと思われます。

その理由は、在家の支援《しえん》システムが固まっていき、〝大口《おおぐち》の大黒天《だいこくてん》〟的なお金持ち、裕福《ゆうふく》な家庭からの支援も受けられるようになっていったからです。仏陀をお呼びして説法《せっぽう》をしていただき、ついてきた弟子たちも、お相伴《しょうばん》にあずかってご馳走《ちそう》になることがあったと言われています。

## 豪華《ごうか》な食事で仏陀《ぶっだ》と弟子《でし》をもてなした遊女《ゆうじょ》アンバパーリー

例えば、元高級娼婦《しょうふ》だったアンバパーリーという人は金持ちだったので、仏陀《ぶっだ》とその弟子《でし》たちを招待するために、夜明け前から働いてご飯をつくり、食事でもてなすこともしていたようです。

なお、私としては非常に言いにくいことですが、大盛りの〝仏陀食〟というものがあったようです（笑）。「弟子と同じでは、さすがに尊敬の念が足りないだろう」ということで、大盛りで食事が出てくるわけですが、仏陀も、「せっかくのお布施《ふせ》なので、残すのは申し訳ない」ということで、残らず食べていたのです。

そのため、現代の栄養学的に見れば、カロリーが蓄積《ちくせき》されることになりました。また、周りの弟子が雑用もしてくれますので、歩いてはいたものの、カロリー消費は少なかったわけです。

そういう意味で、だんだん、〝ふくよかな〟仏陀になっているわけです。そのため、少しお腹《なか》が出て、頬《ほお》が垂れているような仏陀像がよく出てくると理解されています。これは人情的に見ても分かる面があります。

## 「この世を去って、あの世に生まれる」という考え方

ただ、仏陀は晩年においても、弟子たちに説いているとおり、「自分も功徳を積んで幸福になりたい」と思っています。

この幸福の意味は、最終的には「生天《しょうてん》」にあります。それは、「天に生まれる」と書きますが、「この世を去って、あの世に生まれる」ということ

とです。

要するに、あの世に行くことを「生まれ変わる」という意味に取っているのです。つまり、天界《てんかい》に生まれ変わったり、地獄界《じごくかい》に生まれ変わったりするわけです。いろいろな地獄界がありますが、仏典《ぶってん》では、「地獄界に生まれる」という言い方をよくしています。

あるいは、死後、そのまますぐに別の体内に宿ったり、動物の体に宿ったりするようなこともあるかのごとく説いているものもあります。

いずれにしても、「死と同時に、生まれ変わることがある」と考えているわけです。

そういう意味で、「来世」には、「実在界に還《かえ》る」という意味もあります。

また、単純に「四十九日《しじゅうく》」と言ってもよいかもしれませんが、短期間で霊界《れいかい》体験をしたあと、この世に生まれ変わってくる者もあったと思います。その際に、来世の行き先を決めるものが、この世での生き方です。「『苦しみが多いこの世のなかで、どれだけ功徳を積んで生きたか』ということが大事なのだ。それによって、来世の行き先が変わってくるのだ」というように説かれているのです。

# 3　次第説法《しだいせっぽう》①――施論《せろん》

## 初心者への定番説法《せっぽう》だった「次第《しだい》説法」

仏陀《ぶっだ》の得意な説法《せっぽう》として、「次第《しだい》説法」があります。

幸福の科学の三帰《さんき》信者が拝受する『仏説《ぶっせつ》・正心法語《しょうしんほうご》』という経典《きょうてん》のなかには、「目覚めの言葉『次第説法』」という経文《きょうもん》がありますが、次第説法とは、「段階を追って説いていく」という説法のスタイルです。それは、仏

●三帰信者　幸福の科学の会員のなかで、「仏・法・僧」の三宝に帰依することを誓い、仏の教えをもとに、世のため人のため、人助けのために活動することを天命として生きる信者。

陀がよく行うスタイルでした。

仏陀は「遊行《ゆぎょう》」といって、いろいろなところを巡回《じゅんかい》しながら説法をしていたわけですが、初めての方が多いところに行った場合、だいたい定番の説法をしていました。その定番の説法が「次第説法」と言われているものです。比較《ひかく》的初心者である在家《ざいけ》信者に対する説法です。

この次第説法の組み立ては、「施論《せろん》・戒論《かいろん》・生天論《しょうてんろん》」という三段階で出来上がっています。

では、その内容は、どのようなものでしょうか。

## 貨幣《かへい》経済のなかで「施論《せろん》」をどう考えるか

「施論《せろん》」とは、「施《ほどこ》しの論」であり、仏教的に言えば、「お布施《ふせ》」ということになります。「『お布施をする』ということは、非常に功徳《くどく》を積むことなのだ。天界《てんかい》に還《かえ》るための功徳を積むことになるのだ」ということです。当会であれば、「植福《しょくふく》」といって、「福を植えて、来世《らいせ》のための徳を積もう」という考え方があります。そういう意味で、施論を説いていたわけです。

もちろん、施論については、もう少し幅《はば》を広げることは可能です。

ただ、一般《いっぱん》の民衆に説いている施論の場合は、「出家者《しゅっけしゃ》の尊さ」を説いています。当時、出家者は基本的に生計を立てるべき生産的な業務は行《おこな》っていませんし、給料をもらうような立場にはなかったので、在家の人々は出家修行者《しゅぎょうしゃ》たちのために、自分たちの食べ物の一部をお布施しました。托《たく》鉢《はつ》に来た出家者に対して、つくった食事の一部をお布施していたのです。当時は、金銭《きんせん》を直接手渡《てわた》すようなことはされていませんでした。

当然、貨幣《かへい》経済が発達した今であれば違《ちが》うでしょう。例えば、銀座《ぎんざ》の交差点には編《あ》み笠《がさ》を被《かぶ》り、「高野山《こうやさん》」などと書いたものを身につけ、墨染《すみぞ》めの衣《ころも》を着た僧侶《そうりょ》がよく立っていますが、その托鉢のお椀《わん》のなかにはお金が入っています。

原始仏教から見れば、「お金を直接受け取る」ということは、あまりよいことではないのですが、現代においては、そうは言っていられません。銀座で、「お金ではなく、炊《た》き立てのご飯を持ってきてください」と言うわけにはいきませんし、お布施する人も、「そのお金があれば、どこかで食べ物に換《か》えることができるだろう」と考えるでしょう。ですから、交換《こうかん》経済というか、貨幣経済が発達している世の中においては、もはや、そういうことは言わなくなっているのです。

そういう意味で、生活習慣に絡《から》んだものについては「時代性」があるため、あまり踏《ふ》み込《こ》んで言いすぎることは、やや宗教の限界をつくる可能性があるのではないかと思います。

## 「施論《せろん》」が在家《ざいけ》信者の善行《ぜんこう》の第一に挙げられる理由

一般の人々の多くは、苦しみのなかで悩《なや》みながら生きているため、キリスト教的に言えば、さまざまな罪を犯《おか》している人もいますし、仏教的に言えば、戒律を犯すような生き方をしている人もたくさんいます。そのため、それを〝帳消し〟にする「善行《ぜんこう》」というものが、反対側になければいけないわけです。

「負債《ふさい》の部があれば、資産の部がある」というように、この世に生きている以上、〝負債の部〟は必ず出てくるので、逆に〝資産の部〟として、

「天の蔵に富を積む」というような善行をしていったほうがよいのです。そのため、在家《ざいけ》の人がする善行の第一に、「施論《せろん》」を挙げているわけです。

このあたりは、やや〝現金〟なところがありますが、教団も生活が成り立たないことにはやっていけません。「戒論」より先に「施論」が出てきているところを見ても分かるとおり、まずは「お布施がどれほど大事か」ということを説いたわけです。

これは、仏陀自らが、教団の維持《いじ》発展のために、「お布施をすることは尊いのだ」と、最初に口火《くちび》を切って話していたことを意味しています。

## 「布施《ふせ》の心」を妨《さまた》げている「人の目を恥《は》ずかしがる心」

仏教では、「よいことをしなさい」と説いています。「よいこと」とは、心に思うだけでもいいですが、実際に行為《こうい》にして表すと、さらに功徳が大きくなります。

例えば、現代においては、孤児《こじ》や不遇《ふぐう》な病人、戦争で手足を失った人、病気で不具になった方などが、お布施《ふせ》をもらおうとしている場所などがあります。それを見れば、「かわいそうだな」と思うでしょう。そうした憐《れん》憫《びん》の情が出て、「気の毒だ」と思う人は多いのですが、「具体的にお金を出して、お布施をする」というところまでは、できない人が多いことも事実です。

「なぜ、できないのか」というと、何となく人の目が恥《は》ずかしいからです。善行であっても、人に見られて偽善者《ぎぜんしゃ》のように思われることが嫌《いや》であるため、できないのです。例えば、同僚《どうりょう》がいたり、友達がいたりすると、そういうことがしにくいことがあります。

東日本大震災《だいしんさい》があったときも、公共機関のみならず、食堂とか、喫茶店《きっさてん》とか、売り場とか、いろいろなところに義援金《ぎえんきん》ボックスがあり、東日本大震災で被害《ひがい》に遭《あ》った方のために寄付を募《つの》っていました。あるいは、台風などでもありますし、外国でいろいろな悲惨《ひさん》なことがあったときには、赤十《せきじゅう》字《じ》やNPO（非営利団体）が寄付を募る運動をよく行っています。これらは、全部、「布施の心」です。

いずれにしても、人の目があるなかで、食事をしたときのつり銭などを義援金や寄付金として募金《ぼきん》箱に入れることには、多少の勇気が必要です。それは、「いい格好しい」のように見えるところがあるからです。

また、赤十字で献血《けんけつ》する場合は、血の〝布施〟でしょうが、そういうものでも少し勇気が要《い》ります。「よいことだと分かっていても、できない」というのが人間の常《つね》であるからです。

仏教は、そうしたことに対して、「功徳がある」ということをはっきりと言って、勧《すす》めているわけです。

## 「功徳《くどく》のありがたさ」を醸《かも》し出している神社仏閣《じんじゃぶっかく》

　さらに、神社仏閣等《じんじゃぶっかく》では、尊い施設《しせつ》をつくり、神域《しんいき》・霊域《れいいき》をつくることによって、「功徳《くどく》のありがたさ」を一段と〝演出〟して醸《かも》し出しているので、お布施をしやすくしている面もあります。

　例えば、神社に行った場合、縄《なわ》のようなもの（鈴緒《すずのお》）が垂らしてあり、鈴《すず》をジャランジャランと鳴らすわけです。その前にお賽銭箱《さいせん》があれば、何となく、作法《さほう》的にお賽銭を入れないといけないような感じがします。

　そういう神社仏閣的なもので、きちんと神や仏、あるいは御本尊《ごほんぞん》を祀《まつ》っているところに行きますと、「思わず知らずお布施をする」ということはあります。そうしたお布施の行為も、重要な信仰《しんこう》行為の一つであるわけです。これは本当にありがたいことです。

もし、お布施が足りなければ、僧職者であっても、在家の人と同じような仕事を、副業としてしなければいけないわけです。

## 「副業」によってお寺を維持《いじ》している現状

現代のお寺は、古い宗派になれば、全国に一万とか、一万五千とかあるところもありますが、そんなに信者が増えるわけでもありませんし、寄付をたくさんしてくれるわけでもありません。

そのため、「学校の先生をしながら、土日に葬式《そうしき》や法事をしている」とか、「戒名《かいみょう》をつけて、戒名代をもらっている」とか、「平日は夕方以降に法事を入れて、学校の先生をしている」とか、何か副業をしながら行っているところも多いのです。お寺を維持《いじ》するのは、なかなか大変なのです。

そういうこともあって、「宗教法人では、宗教行為に関して税金がかからない」ということになっているわけです。

ただ、それでは収入が足りないので、お寺や神社に大きめの境内地《けいだいち》があった場合、そこに幼稚園《ようちえん》をつくることもあります。幼稚園で子供を預《あず》かって教えることで、副収入を得るわけです。

あるいは、境内地に駐車場《ちゅうしゃじょう》をつくり、駐車代金という副収入を得ることもありますし、境内地の空《あ》いたところにマンションなどを建て、家賃収入という不労所得《ふろうしょとく》を生活の足しにしていることもあります。このようなことは、現代には非常に多いのです。

特に関西方面で発展した宗教などの場合、新たに関東に進出することは、土地代が高すぎて非常に難しいのです。

そこで、たまたま古いお寺などがあれば、それをいったん解体して近代的なマンションに建て替《か》えて、お寺そのものは一階や地下一階などに入り、上の階には住宅や商店などを入れるわけです。自分たちは地下や一階ぐらいの場所で済ませて、上の階は住居等になっているようなところも多くあります。そのようなかたちでなければ、もはや土地が買えないのですが、マンションなどをつくって、そのなかにお寺も入ってしまうようなかたちであれば、できるわけです。

これは、キリスト教のまねをしたのではないかと思います。マンハッタンなどで教会を持つのは大変なことです。由緒《ゆいしょ》ある教会でも、大きくても千人ぐらいしか入らない土地の一角だけを持っている程度で、なかなか「境内地《けいだいち》」と言えるほどのものはありません。それでも、「天井《てんじょう》が高い空間を持った一階建ての教会を建てる」というのは、マンハッタンなどでは、かなり贅沢《ぜいたく》なことです。

## 「寺の整理」が行われる時代がいずれ来る

やはり、生活が苦しくなっていったところは、まず、教会を売りに出し、そこに高層ビルを建ててもらって、オフィスでもマンションでも構わないので入ってもらい、地下など、その下に教会施設をつくったりしているケースが多いので、そういうものも、日本は、すでにまねし始めているのではないかと思います。

今、私たちがいる東京都港《みなと》区《く》、品川《しながわ》区辺りも、墓地《ぼち》がそうとうある寺町《てらまち》ではありますが、私たちが活動している間にも大規模開発され、どんどん墓地がなくなっていき、今ではマンションがたくさん建っています。次第しだいに、〝死んだ人の生活圏《けん》〟というのは奪《うば》われてきつつあって、これらをまとめて、集合の供養《くよう》所のようなものをつくり、そこに、たくさん入っているのです。

例えば、とげぬき地蔵《じぞう》で有名な巣鴨《すがも》辺りに行っても、個人の供養などというのは贅沢《ぜいたく》なので、たくさんの人の名前を書いて、まとめて祈《いの》るようなことをしています。

そういう意味で、土地代が高すぎるので、まとめるようになっているわけです。

最近では、もっと手抜《てぬ》きのものもあり、「0葬《ゼロそう》」などといって、まったく供養しないとか、あるいは、観光船などに乗って、遺灰を海に撒《ま》いて終わりにしたり、または、山に行って遺骨を撒き、樹木の肥《こ》やしにしてしまって終わりにしたりする「自然葬」のようなこともしていて、だんだん、お墓がなくなっていく方向に向かっていっています。

こうしたことによって、いずれ、お寺等も大量に整理される時代が来るのではないでしょうか。

この世の肉体と〝残りもの〟、つまり、遺骨や遺灰などに、あまり執着《しゅうちゃく》しすぎるのも問題ではありますが、若干《じゃっかん》、その現代性のなかに、「尊さ」のようなものが埋没《まいぼつ》していっているところは残念であると言えます。

## 托鉢《たくはつ》が「一日に一回」になるきっかけとなった出来事

仏陀は、遊行《ゆぎょう》というかたちで、いろいろな地方に旅行しながら教えを広げ、教線を伸《の》ばしていきましたが、そのときに説いていた定番の説法の一つである「次第説法」の最初には、こういう「施論《せろん》」がありました。

もちろん、このお布施は、在家の方が出家者にするのが中心ではあるわけですが、初期の仏教教団では、一日二食はできていました。早朝と夕方の二回ぐらいは托鉢《たくはつ》に行って、ご飯の残り、いわば残飯《ざんぱん》をもらうことができたのです。ただ、そうは言っても、お坊《ぼう》さん用に少し余分につくったりはしてくれていたようです。

しかし、あるとき、夕方に、背が高く色の黒いお坊さんが、台所の勝手口から托鉢に入ったところ、ちょうど雷《かみなり》がゴロゴロと鳴って稲光《いなびかり》が光り、そのお坊さんが黒光りするような体だったので、出てきた妊婦《にんぷ》の奥《おく》さんが、てっきり鬼《おに》だと思って、びっくりしてしまったことがありました。

確かに、青光りするような黒い人もいらっしゃるので、雷に照らされたことで、てっきり「鬼が来た」と思ったのでしょう。しりもちをついて引っ繰《く》り返ってしまい、その打撲傷《だぼくしょう》もあって流産するという事件が起きました。

それで、一日に二回、托鉢していたのが、夕方の托鉢が禁止になってしまい、とうとう「一日一食」ということになったのです。

朝の一食だけというのは、なかなか厳しいことですが、一日二食だったものが早朝の一食になってしまったのです。

## 「経済的な自立」が難しかった仏教教団

確かに、インドは特に物が腐《くさ》りやすいので、まだ気温が上がっていない朝のうちにつくってくれた食事を分けていただいて戻《もど》ってくるほうが、腐っていないことも多く、よいこともあるのですが、さすがに一日一食だと、カロリー的には厳しいでしょう。そういうことがあるので、日中は、ほとんど〝瞑想状態《めいそう》〟に置かれていたのです。

「リクライニング・ブッダ」という寝釈迦像《ねしゃかぞう》がありますが、あれを涅槃《ねはん》の像と勘違《かんちが》いしている人が大勢います。当然ながら、「お釈迦様は死んだときに涅槃に入《い》ったので、それで寝ているのだろう」と思う人が大勢いるのですが、あれは、涅槃に入ろうとして死の床《とこ》についているわけではありません。「体を横にし、右側の脇《わき》を下にして肘《ひじ》をついている」という、よくあるポーズは、実は昼寝のポーズなのです。

インドは暑いですし、やはり、エネルギーをなるべく消耗《しょうもう》しないようにしなければいけませんから、昼寝の習慣もあって、「日中は動かないようにしてエネルギーの消耗を防ぐ」ということをしていたわけです。

あとは、水分的なものは、多少、摂《と》ってもよかったようではあります。

このように、お布施も、かなり限られたものでした。一日一食がどのくらいの量かは分かりませんが、カロリー的に見ても、今の平均的な人が摂っているような、二千キロカロリーとか三千キロカロリーなどというようなカロリー摂取《せっしゅ》があったはずはありませんので、そんなに行動的に動けるほどのものでもなかったでしょう。

また、仏教の拠点《きょてん》から拠点に、托鉢しながら遊行し、移動していくわけですが、東海道五十三次《とうかいどうごじゅうさんつぎ》のように、適当な距離《きょり》に村があるわけではありませんので、村が遠い場合には、食物《しょくもつ》が手に入らないこともあり、食べられないこともあったかと思います。

そういう意味で、「経済的な自立」については、非常に難しいところがあったかと思います。

また、宗教はほかにもありましたから、お布施《ふせ》を得るに当たっては、教団間の競争がありました。

新しい仏教教団の人数が増えてきますと、今までお布施をもらっていた古い教団が、何だかんだと嫌がらせをしたり、悪口《わるぐち》を言ったり、批判をしたりするようなことも多かったのですが、このあたりに関しては、やはり、しかたがないところがあります。

村の人口が決まっている以上、二つ三つの教団にお布施するのは、なかなか難しくなってきますから、人は、人気があるほうにお布施していくようになります。

ここで結局、いわゆる在家信徒、檀家《だんか》が出来上がってくるわけです。

# 4 次第説法《しだいせっぽう》②——戒論《かいろん》

## 師匠《ししょう》の策略によって殺人鬼《さつじんき》となったアングリマーラ

今までは、アージーヴィカ教などのほかの教団に属していた者が、だんだん仏教の教勢が広がってきたことで、そちらに替《か》えてくると、お布施《ふせ》を取られたほかのところにとっては死活問題になりますので、「仏教の悪口《わるくち》を言って回るし、攻撃《こうげき》もする」というようなこともあって、仏教の戒律《かいりつ》と

●アージーヴィカ教　古代インドの宗教の一つ。仏教やジャイナ教と同じ時期に誕生し、徹底した宿命論を説いた。

いうものが非常に厳格になってきたわけです。

今で言うと、週刊誌がするようなことを、実は、宗教同士で行い、他教団の攻撃をしていました。お布施の〝分捕《ぶんど》り合い〟をするために、ほかのところの悪口をたくさん言うことが多く、不祥事《ふしょうじ》があると言い立てられて、お布施がもらえないようなときもあったわけです。

例えば、アングリマーラという有名な殺人鬼《さつじんき》がいます。九十九人を殺したとも、九百九十九人を殺したとも言われていますが、「弁慶《べんけい》が刀狩《かたなが》りで九百九十九本を集めて、千本目で義経《よしつね》と出会った」というような話も、これに何らかの影響《えいきょう》は受けていると思います。

ただ、これは、アングリマーラの師匠《ししょう》（バラモン）からの命令ではありました。

師匠は、アングリマーラに、「自分の留守《るす》中に、妻といい関係になったのではないか」という疑いを持ち、アングリマーラに罰《ばつ》を与《あた》えてやろうと考えたのです。しかし、自分も宗教家ですから、直接、殴《なぐ》ったり蹴《け》ったり殺したりすると評判が落ちるため、彼自身に償《つぐな》ってもらおうと思い、「街に出て人を殺せ。これは、最後の奥義《おうぎ》なんだ。うちの宗教の最後の奥義なんだ」というようなことを言いました。

それに対して、アングリマーラは、「それは殺生《せっしょう》になるのではないですか」と答えます。インド全体に「殺生戒」のようなものがあったので、「殺生なのではないですか」と言ったわけですが、「いや、これは奥義なんだ。大丈夫《だいじょうぶ》だ。これが完成したら、おまえに印可《いんか》を与えて、免許皆伝《めんきょかいでん》にする」というようなことを言われるのです。

それで、一説では九十九人、別説では九百九十九人ということになっていますが、そういう殺人鬼が、夜《よ》な夜な辻《つじ》に現れては人を襲《おそ》い、小指のところを切り取っていきました。「人を殺せ」と師匠に言われ、刀まで渡《わた》されたので、その殺した証拠《しょうこ》のために、小指を一本ずつ取っていくわけです。それで、その小指を紐《ひも》で通し、数珠《じゅず》のようにしていたので、「指鬘外道《しまんげどう》」と言われます。こういうことで、アングリマーラは「殺人鬼」だったわけです。

## 〝満行《まんぎょう》〟目前のアングリマーラの前に現れた仏陀《ぶっだ》

そして、千人目か百人目か、両方の説があるのですが、話が大きいほうがインドらしいので、「千人」ということにしますが、九百九十九人を殺して、「次は、いよいよ〝満行《まんぎょう》〟を迎《むか》える千人目」というときに、アングリマーラは自分の母親を思いつくわけです。

それで、自分の母親が歩いてくるのを見つけ、殺そうと狙《ねら》いを定めて待ち受けていたところを、仏陀《ぶっだ》が神通力《じんつうりき》で見抜《みぬ》き、仏陀自身が、殺人鬼であるアングリマーラの前に現れるのです。

アングリマーラは、相手が仏陀であろうが何であろうが、「人殺し千人目達成」ということで血眼《ちまなこ》になっていますので、殺そうとするわけですが、不思議なことに、〝逃《に》げ水〟のような現象が起こります。

アングリマーラが早足で歩いても、仏陀も同じようにスーッと動いていくのです。アングリマーラが動いていくと、仏陀も同時に動いていく。止まったら仏陀も止まっている。動くと、また動くわけです。

そして、アングリマーラが、仏陀に対して「止まれ！」と言って声をかけるのですが、仏陀は、「私は止まっている。動いているのはおまえだ」と言います。

まるで禅問答《ぜんもんどう》ですが、アングリマーラのほうはそれで、キョトンとしてしまいます。

追いかけようとしても、仏陀が逃げるからどうしても追いつけないので、「止まれ」と言ったのに、「私は止まっている。動いているのはおまえのほうだ」と言われました。これは禅問答の始まりですが、こういうことを言っています。

結局、仏陀が言いたかったのは、「おまえの心が激しく燃え立って動揺《どうよう》して、動いているのだ。自分の心は静寂《せいじゃく》で、澄《す》んで止まっている」ということでしょう。要するに、「心がまったく動いていない状態で、静寂な海のようになっている」ということが言いたかったのだと思います。

その言葉を聞いて、アングリマーラはハタッと跪《ひざまず》いて刀を捨てて、仏陀の威神力《いじんりき》に打たれ、初めて五体投地《ごたいとうち》して帰依《きえ》するわけです。

そして、「自分は、かくかくしかじかで人殺しをしました。そういう自分でも、修行《しゅぎょう》して救われることがあるのでしょうか」と言うわけですが、仏陀は黙《だま》って連れて行って教団に入れて、頭を剃《そ》って僧侶《そうりょ》にしてしまうわけです。

## 「仏法《ぶっぽう》は王法《おうぼう》を超《こ》える」という故事《こじ》

しかし、そうした「殺人鬼がいる」ということで、指名手配になっていたので、王様が出てきました。千人も殺すような人でしたら大変なことですから、軍隊を持ってやってきたのです。

その途中《とちゅう》で、お布施をもらうために並んで一列になっている仏陀の隊列に出会います。王様が、「仏陀よ、アングリマーラという殺人鬼を探しているのだが、知らないか」と訊《き》いたところ、仏陀は、「彼はもうすでに出《しゅっ》家《け》して、在家《ざいけ》の人ではありません。出家して私のもとで修行しております。聖者《せいじゃ》の道を今、歩んでおりますので、王様といえども、もう逮捕《たいほ》することはできません」と答えました。

これは、「仏法《ぶっぽう》は王法《おうぼう》を超《こ》える」という故事《こじ》にもなっています。

つまり、王様の警察権でも、仏教教団のなかには及《およ》ばなかったということです。仏教教団のなかの戒律制度は、この世での法律よりもよっぽど厳しい取り締《し》まりがあるので、はっきり言えば、「そこに入って修行してい るのなら、監獄《かんごく》で修行しているより、もっと厳しいだろう」ということで しょう。

そういうことで、王様の軍隊は引き揚《あ》げていきました。

## 仏陀《ぶっだ》はアングリマーラの修行《しゅぎょう》のために〝忍耐《にんたい》の法〟を説いた

ただ、街の人たちは許さないわけです。自分の親きょうだい、親類等を たくさん殺された人は数多くいるわけなので、アングリマーラ以外の弟子《でし》 たちが托鉢《たくはつ》に行っても、石をぶつけられたり、棍棒《こんぼう》で殴られたりするような被害《ひがい》がありました。

そのため、弟子たちは、「どうにかしてくれ。あいつのおかげで、もう全然お布施がもらえない」「追い出してくれ」と言いましたが、仏陀《ぶっだ》は「いったん決めたことは変えない」ということでした。

一方、アングリマーラもお布施をもらいに出ますが、みんな知っているので、石をぶつけられて、血だらけになって帰ってきます。

しかし、仏陀がそのときに言った言葉は、「耐《た》えよ」だったわけです。

「自分の為《な》したこと、行為《こうい》によるカルマで、そのようにいろいろな人から石を投げられたり、木で叩《たた》かれたりしているのだ。

だから、耐えよ。今世《こんぜ》、耐えることによって、そのカルマを刈《か》り取って新たな修行《しゅぎょう》が進んで、通常の仏弟子《ぶつでし》になり、天界《てんかい》に還《かえ》れる修行を積んでいるのだ。

そうした迫害《はくがい》を受けるけれども、あの世へ行ってから地獄で罪を償《つぐな》うよりも、この世にいる間《あいだ》に自分の罪を償いなさい」ということでした。

血を流しながら帰ってくる日々が一日目も二日目も三日目もずっと続くわけですけども、アングリマーラに「耐えなさい」と〝忍耐《にんたい》の法〟を説いたわけです。

ほかの弟子からも嫌《いや》がられていたけれども、仏陀がいったん認めた以上は、それだけの権威があったわけです。アングリマーラもよく耐えて、立派な僧侶になって「阿羅漢《あらかん》の悟《さと》りを開いた」といわれています。

## 悪行《あくぎょう》を働いた人でも、「戒律《かいりつ》」を守って修行《しゅぎょう》すれば天界《てんかい》へ還《かえ》れる

以前に述べたこともあるのですが、仏陀の二大拠点《きょてん》の一つとして、竹林《ちくりん》精舎《しょうじゃ》がマガダ国にあります。一方、仏陀の生まれ故郷に近いコーサラ国のほうには祇園《ぎおん》精舎があり、これはスダッタ長者《ちょうじゃ》がお布施した精舎です。

この祇園精舎にほど近いところに、アングリマーラの塚《つか》がありますが、これが、ちょっとびっくりするくらい異例な大きさで、私も驚《おどろ》いてしまいました。

やはり、アングリマーラの「悪からの改心」といいますか、悪から足を

洗って改心するのは、キリスト教で言えば、まるで「パウロの回心《かいしん》」のようなものでしょう。それほどの大きな事件だったのかと思います。

つまり、仏陀は「この世において、その悪行《あくぎょう》を改めて、戒律《かいりつ》を守って清らかな行いをすれば、そういう人でも天界《てんかい》に還《かえ》れる」という教えを説いて、それを実践《じっせん》してみせたということです。

そうした迫害に耐え忍《しの》びながら、アングリマーラが仏弟子として死刑《しけい》になることもなく、修行《しゅぎょう》して悟りを開いたということを称《たた》える意味で、大きな塚があるわけです。

それは、私にとっても非常に驚きで、十大弟子の塚ではなく、アングリマーラの塚が非常に大きなものとしてあったのが印象的でした。

そういう意味で、お布施をもらうための他教団との競争もあって、周りから突《つ》っ込《こ》まれないようにするための、教団の〝引き締め〟はあったわけです。

## 仏教教団の戒律《かいりつ》は〝学校の校則〟のようなもの

例えば、随犯随制《ずいぼんずいせい》といって、何か犯罪など、問題が起きた度《たび》に戒律《かいりつ》が制定されていったわけですが、教団内部では比丘《びく》の二百五十戒、比丘尼《びくに》（尼《に》僧《そう》）の三百四十八戒（または五百戒）といわれるほどの何百条もある戒律ができました。

ただ、これは出家者用の戒律で、在家の人には適用されません。

また、戒律というと、何か刑法のようなことを感じる、あるいは考える人が多いと思うのですが、そういうものではなかったようです。どちらかといえば、今で言うと、学校の校則に近いようなものかと思われます。

つまり、仏陀教団で修行するための秩序維持《ちつじょいじ》で、「こういうことを守りなさい」というものでしょう。

例えば、学校で、不良や非行、その他、授業をサボったり、宿題をサボったり、窓ガラスを壊《こわ》したり、人を殴ったり、ケガをさせたり、制服があるのに他の服を着たり、いろいろなことをする度に学校でのルール、校則が増えるような感じでしょう。戒律は、校則や学校のルールに近いようなものだったと思われます。

さらに、仏教における最高刑が「教団追放」なのです。教団追放というのが最高刑で、これが死刑に当たる部分です。

つまり、教団から追放されるということは名誉《めいよ》の剝奪《はくだつ》ですので、これがいちばんきつい刑であったわけですが、いわゆる刑法ではありません。これも学校の校則のようなものだったと思われます。

例えば、学生であれば、いきなり捕《つか》まって刑務所に入るということは、めったにないことです。学校の自治が認められていますので、学校のなかで何か罪を犯《おか》した場合などは審問《しんもん》されて、出席停止になったり、あるいは、一週間の停学処分になったり、自宅待機させられたり、いろいろされます。

しかし、最後は学校から「放校処分」を受けるというのが最高の処分です。昔はあったかもしれませんが、今は学校のなかで鉄拳《てっけん》制裁や私刑（リンチ）などがあってはいけないわけで、先生方も非常に用心していますけれども、これによく似た感じです。

## 在家《ざいけ》用の「五戒《ごかい》」は緩《ゆる》やかな戒律

一方、在家《ざいけ》の人は、そんなに多くの何百条もの戒律《かいりつ》はないのですけれども、五カ条ぐらいの戒律が基本的には出されています。

これも、「全部、完全に守らなければいけない」というものではなくて、

「自分が守れるものからでいいから、守りなさい」というかたちで、非常に〝緩《ゆる》いもの〟ではあったと思います。

つまり、在家も、緩やかな〝社会人クラス〟のようなもので、「社会人クラスとして、仏陀教団につながって教えを受けるために守らなければいけない校則、ルールみたいなものがありますよ」ということでした。「緩やかなルールですが、あります」という感じだったと思います。それで立てられたのが「五戒」というものです。

ただ、その五戒というのは仏教だけではなくて、当時のインドの伝統的な教えのなかにもあり、姉妹《しまい》宗教ともいわれたジャイナ教などにも同じような教えはありました。

## 「不殺生《ふせっしょう》」――「殺すなかれ」の意味するもの

五戒《ごかい》には、最初に「殺すなかれ」という戒律が来るわけです。これには、「人間を殺すなかれ」と、それから本当は動物も入っていたのですが、動物までいうと非常に厳しいことになるでしょう。

例えば、インドへ旅行しますと、いまだに食料で苦労します。どこへ行ってもカレーばかり出てくるのですが、豆カレーや野菜カレーなど、カレーの種類はたくさんあるのだけれども、日本のカレー食品店が売っているようなビーフカレーは売っていないわけです。

牛肉というか、「牛は神様の乗り物で神聖な動物なので、食べてはいけない」ということで、道路のど真ん中で牛が寝《ね》そべっているような状況《じょうきょう》があるわけです。

食糧難《しょくりょうなん》で死ぬ人がいるのなら食べてもいいような気もするのですが、牛はのんびりとして非常に平和な顔をして歩いています。車と牛が〝共存〟しているようなシーンもよく見られます。

そういう意味で、インドではタンドリーチキンやチキンカレーだけはあるようですが、ほかのタンパク質がなかなか手に入りません。豚肉《ぶた》も牛肉も食べられませんし、川には魚もいるのですが食べないのです。

ただ、その理由はよく分かりました。つまり、川を多様に使っていて、洗濯《せんたく》から炊事《すいじ》、沐浴《もくよく》にも使っていますが、同時に、火葬《かそう》をした遺灰も流しているのです。

例えば、あるところでは、透明度《とうめい》の高い小川の溜《た》まり場に黒鯉《くろごい》かと思うような大きな魚がいっぱいいるので、「こんなものを食べれば食料になるのにな」と思ったのですが、その近くで葬式をするようなところもあったりします。

つまり、転生輪廻《てんしょうりんね》の思想が非常に原始的なものだと、「亡《な》くなって葬式をしたおじいさんが魚に生まれ変わっているかもしれない」というような考えがあるわけで、そういう川の魚もなかなか獲《と》って食べないのでしょう。大きな魚はいるのですが食べないのです。

これは、やや宗教が食糧難を招いている面はあるかと思います。

## 仏陀《ぶっだ》が説いた「人を殺してはいけない」理由

そういう意味で、栄養学的な問題は少しありますが、「人間も他の生き物も殺さない」というようなことを守っていると、厳しい修行に励《はげ》んでいる感じが出るということはあったと思うのです。

その根拠として、仏陀が述べていることは、「すべての生きとし生けるものは自分がかわいいのだ。みんな生きたいと願っている。そうだろう。あなただって自分が生きたいと思っているだろう。自分が生きたいと思っている、その命を奪《うば》われるのは嫌だろう。だから、ほかの人も同じなのだ。みんな自分がかわいいのは同じなのだ。したがって、自分が人にされたくないことは、人に対してしてはいけない」ということです。それを動物にまで延長しているのですが、一部は当たっているわけです。

これは、いわゆる、キリストも説いている「黄金律《おうごんりつ》」だと思います。つまり、「自分が人にされたくないことは人にするな」ということです。

そういうことを根拠に「不殺生戒《ふせっしょうかい》」を説いています。

## 「仏陀《ぶっだ》への最後の布施《ふせ》」に関する諸説

ただし、在家の方は、何だかんだと言いながら、いろいろなタンパク源を摂《と》っていたようではあり、出家者が托鉢する際には、お椀《わん》のなかに肉類が入れられることもありました。

そして、そういうときは拒否《きょひ》できないことになっていたのです。

「自分がその動物を殺すところを見ていない」、「自分のために殺されたと聞いていない」、あるいは、「自分のために殺されたという疑いがない」（三種の浄肉《じょうにく》）など、そのように情報を知らないで托鉢を受けたものについては食べていたということで、いちおう、肉類も入っていたとは言われています。

また、晩年の仏陀《ぶっだ》へのお布施《ふせ》についてですが、インド・中国系の経文《きょうもん》の『涅槃経《ねはんぎょう》』では、「最後のお布施として、チュンダから、毒キノコ料理の布施を受け、それがあたって食あたりになり、赤痢《せきり》のような症状《しょうじょう》を起こして死んだ」というかたちになっています。

これについては、「柔《やわ》らかく煮込《にこ》んだ豚肉だった」という説もあり、そういうこともありえたかとは思いますけれども、それでは少し〝ありがたみ〟が足りないため、「毒キノコ説」のほうが、やや有力ではあります。

なかには、〝折衷説《せっちゅうせつ》〟として、「豚には、土のなかからキノコのトリュフを掘《ほ》り出す習性がある。だから、キノコと豚肉の〝間《あいだ》〟を取って、トリュフのようなものだったのではないか」というようなことを言う人もいることはいますが、細《こま》かいことは詮索《せんさく》しないことにしましょう。

当時は、衛生状態も悪く、冷蔵庫もなかった時代ですし、仏陀は、胃腸がかなり弱かったようです。若いころの断食行《だんじきぎょう》も、そうとう堪《こた》えていたようですし、晩年には、体力も落ちていたのでしょう。

故郷《ふるさと》に向かって歩いていく途中、クシナガラで亡くなるわけですけれども、「クシナガラへ行く前に立ち寄ったところで最後に摂った食事にあたり、食あたりのようになって命を落とすことになった」と言われています。

## 仏陀《ぶっだ》入滅《にゅうめつ》前後の弟子《でし》たち

その意味で、仏陀《ぶっだ》についていたアーナンダ（阿難《あなん》）が責められているわけです。

第一回仏典結集《ぶってんけつじゅう》で、仏陀が説いた教えをまとめるために、七葉窟《しちようくつ》という洞窟《どうくつ》のなかで、五百人の人が集まり、みなで教えを誦出《じゅしゅつ》、つまり、「仏陀は、こういうお経《きょう》を説かれた」というものを集めました。

アーナンダが、いちばんお経を聞いていたはずなのですが、「阿羅漢《あらかん》として認定されたのは、五百人中で最後だった」と言われており、これは、

「『仏陀の死期に付き添《そ》っていたのに、それを防げなかった』ということに対する周りからの非難が、いかにきつかったか」ということです。このように、〝秘書〟というのは責任重大なのです。

また、経典《きょうてん》のなかに書かれていることで、どこまでが本当かは分かりませんが、次のような話もあります。

旅の途中で、仏陀が、「アーナンダよ。如来《にょらい》というものは、寿命《じゅみょう》を延ばそうと思えば、延ばすことができるのだ」というようなことを、三回ぐらい言うのですが、そのときに、「如来は寿命が延ばせるならば、どうか延ばしてください。『仏陀は百二十歳《さい》まで生きることができる』とおっしゃるならば、延ばしてください」とお願いしなければいけないのに、アーナンダは仏陀が何のことを言っているのか分からず、ポカンとしていたようです。

これについて、アーナンダは、マハーカーシャパ（摩訶迦葉《まかかしょう》）等の筆頭弟子《でし》たちから、かなりの怒《いか》りを買いました。

実際、マハーカーシャパは、仏陀の葬儀《そうぎ》が終わってから到着《とうちゃく》したのだろうと思いますが、仏典《ぶってん》では、仏陀の危篤《きとく》を聞いてから追いつくのに一週間かかっています。

仏教では、「その一週間の間、薪《まき》に火をつけても燃えなかった」と言われていますが、いずれにせよ、周りの人たちは、最後の食事などのお世話をした人に対して厳しいことを言っていたのです。

さて、「戒論」について述べているわけですが、殺生のところについても、厳しいものがあります。

もちろん、時代が変われば、これも、いろいろな面で無理なところが出るでしょうし、今、アメリカ人に対して、「牛肉を食べるな」という戒律を押《お》し付けたら、〝戦車と航空機で攻《せ》めてくる〟かもしれません。そういうことを言う神様も許せなければ、その信者も許せないでしょうし、〝原《げん》爆《ばく》を何発落として〟でも、牛肉を食べたいでしょう。

そのような抵抗《ていこう》はありますので、グローバルな宗教は、そう簡単に成り立つものではないということです。

## 「不偸盗《ふちゅうとう》」——盗《ぬす》んではいけないものの範囲《はんい》とは

殺生戒の次は、「盗《ぬす》むなかれ」です。

これは、今、法律的にもそうなっていますけれども、集団修行をしていたら、物がなくなったり、食糧《しょくりょう》を盗むというようなこともあるため、「盗むなかれ」ということを戒《いまし》めています。

また、在家の人々にも、「自分のものでない物、人の物を盗んではいけない」ということを、宗教的にも道徳的にも教えていました。これは、「不偸盗《ふちゅうとう》」と言いますけれども、「人の財物《ざいもつ》を盗んだりしてはいけない。自分の努力によって得たものでないもの、あるいは、正当な権利でもって得たものでないものを盗んではいけない」という戒律が、二番目にあるのです。

## 「不邪婬《ふじゃいん》」――結婚《けっこん》制度や家族制度を守るための戒《かい》

三番目には、「不邪婬《ふじゃいん》」という戒《かい》があり、「邪婬」も戒められています。

ただ、これについては、時代性もかなり影響しているとは思うのです。

やはり、結婚《けっこん》制度や家族制度を守るためには、夫婦《ふうふ》関係を確定していないと、「自分の子供かどうか」が分からなかったため、これは、世界のいろいろな宗教においても、かなり厳しく言われていることが多いと思われます。仏教教団も、在家の一般庶民《いっぱんしょみん》に関しては、一夫一婦《いっぷいっぷ》制が多かっただろうと思います。

ただ、マハラジャなどに関しては、立場上、使用人も多く、また、必要上、多くの女性たちが仕《つか》えていたこともありますし、王様に関しても、そういうことはあったようではあるので、社会的身分や地位、あるいは、必要に応じて、考え方に違《ちが》いはありましたが、やはり、一般的には、「周りから認められていない関係については、深入りすると身を滅《ほろ》ぼすもとにもなるから、注意が必要だ」ということが述べられていました。

## 時代が変わり比較衡量《ひかくこうりょう》が必要なイスラム教の法律

これについては、二千五百年前と時代が変わっていますので、そうとう難しいものを持っていると思います。

例えば、イスラム教では、四人まで妻を娶《めと》ってもよいため、キリスト教やほかの宗教からは、これを特徴《とくちょう》の一つとして挙げられ、「悪魔《あくま》の教えだ」と言われて攻撃されているわけですけれども、ムハンマドが、四人まで許可しているので、これは正式な結婚として認められているのです。

しかし、この正式な結婚でないかたちで女性に手を出したら、場合によっては、「石打ちの刑」や「兄弟が殺しにくる」など、恐《おそ》ろしいこともあります。

たとえ、四人と結婚してよくても、不邪婬戒を犯したら、「首まで埋《う》められて、石をぶつけられて殺される」というようなことが、平気で行われているため、若干《じゃっかん》、不思議な感じはあるのです。

若いうちに欧米《おうべい》に留学した女性などであれば、イスラム教の法をなかなか守れず、デートしたり、キスしたり、それ以上を経験したりすることもあるでしょう。それで王女様が撃《う》ち殺された事件が起きて、大ニュースになったこともありますけれども、このへんの妥当《だとう》性については、非常に問題かとは思います。

ただ、イスラム教だけではなくて、キリスト教も、百年ほど前は同じような状況でした。

私は、ときどきトマス・ハーディの『テス』という物語について言及《げんきゅう》することがあります。それは、「事故とはいえ、結婚前に、眠《ねむ》っているところを領主か何かの息子《むすこ》に犯されて妊娠《にんしん》し、出産してしまった。その罪により、教会にもキリスト教徒として認めてもらえず、お墓にも入れてもらえない。最後には悪魔のごとく扱《あつか》われて処刑された」という「テスの悲劇」を書いた百年以上前の小説ですが、要するに、キリスト教も百年ぐらい前にはイスラム教と似たような状況でした。

また、かつての日本には「姦通罪《かんつうざい》」というものがありました。戦後、廃《はい》止《し》されていますが、明治の初めごろまでは、「結婚していて、夫ないし妻とは違う、ほかの異性と交わった場合は、死刑」などということがあったようです。

このへんは、利益衡量《こうりょう》というか、比較《ひかく》衡量の問題があるのではないでしょうか。

「人権の重さ」との関係というか、社会的なルールにおける体制維持と人権の、どちらを重視するかということの問題もあるし、「女性の権利を男性と同じように認めて、男性と同じように働いてよい」というかたちになってきますと、守れなくなってきている面は、かなり大きいかと思います。

## 欧米《おうべい》キリスト教圏《けん》における結婚《けっこん》の不可思議さ

欧米《おうべい》キリスト教圏《けん》では、「結婚《けっこん》して、夫婦関係の約束を破ったら、すぐ離婚《りこん》になる。子連れ離婚になり、また、両方子連れで再婚する。その賠償《ばいしょう》として、慰謝料《いしゃりょう》を取ったり、養育料を取ったりするけれども、二回ぐらい離婚すると、生活が成り立たなくなるぐらい苦しくなる」と言われています。しかし、不可思議なことに、結婚後は非常に厳格で、それを破ったら、チーティング（cheating）といって、「騙《だま》した」ということになり、すごく攻撃するにもかかわらず、結婚前については、意外に、おおらかなところがあるのです。「いろいろと、人生経験を深めることや異性を知ること、相性《あいしょう》を事前に知っておくことが大事で、よいことだ」というようなかたちで、非常に緩《ゆる》いところがあります。

通常、「結婚前にいろいろな異性を知っていて、結婚したら、一生禁欲を通す」などということは、実際上、かなり難しいことだろうと思うのですが、このあたりは、欧米社会で、今、実際に苦しんでいるところではないでしょうか。

一方、日本でも今、私は観《み》たことはありませんが、有名な女優が出演している「昼顔《ひるがお》」というドラマがあり、「昼に情事を重ねる妻の話」がヒットしているそうですけれども、このへんのところは、女性が男性と同じ扱いを受ける、あるいは、職業上、同じ扱いが続いていくうちに、だんだん、〝難しい関係〟にはなってきているのではないかと思います。

## 転生《てんしょう》の真実から見た「キリスト教の男女観」における問題

また、私が教団を始めたころには、「男女の魂《たましい》は別であり、男子は男子、女子は女子として生まれるというのが原則で、例外が一部あるぐらいかな」と思っていたところもあるのですが、その後、リーディングをたくさん重ねるにつれて、男性が女性に生まれたり、女性が男性に生まれたりするケースが、あまりにも多いことが分かりました。

キリスト教には、「神様が、アダムをつくり、『一人ではさみしかろう』ということで、アダムの肋骨《ろっこつ》を取り出して、それからイブをつくった」ということになっていて、「男女は、最初から神様がつくり分けている」という思想があります。

「彼らは、エデンの園《その》においてユートピア生活をしていたが、禁断の『知恵《ちえ》の木《き》の実』を食べて追放刑を受けた。そのため、男性は、レイバー(labor)、労働をしなければいけなくなり、女性には、お産の苦しみ、陣《じん》痛《つう》の苦しみがもたらされた」というわけです。

英語では、陣痛のことも「レイバー」と言うようですが、語源はおそらく一緒《いっしょ》だと思います。「そうした苦しみが、子供が生まれるときに来るようになった」ということです。

結局、「楽園を追放された罪により、女性には出産の苦しみが来て、男性は、一生、額《ひたい》に汗《あせ》して働かなくてはいけなくなった」ということになっているわけです。キリスト教では、そうした「原罪論」が唱えられています。

このあたりの考え方が影響しているのだろうと思いますが、男女が、いろいろな性に生まれ変わってきたりすることから見ると、そうした「男女というのは、神がつくり分けたものである」という考えにこだわるのは、少し問題があるように感じます。

## 男女平等の流れのなかで、新たに出てきた課題

ただ、男女における、職場での昇進《しょうしん》などの扱いが同様になってくると同時に、以前にはなかったような、「セクハラ」とか、「パワハラ」などの言葉がやたらと使われるようにもなってきており、そのへんの矛盾《むじゅん》は、やはり感じないわけではありません。

男女を同じように扱っておりながら、女性に対する「セクハラ」「パワハラ」ということは、かなり強調して言われるようになっており、それについては、「言われると、もうそれで終わり」というような感じになって

いるわけです。

そのため、警察官などは、電車で出勤するときには、みんな、荷物を網《あみ》棚《だな》に乗せ、「ホールドアップ」というか、「両手を吊《つ》り革にかけた状態で、鞄《かばん》を持たずに立っている」というように言われています。鞄を手に持って、下に提《さ》げていると、電車が揺《ゆ》れた瞬間《しゅんかん》に、隣《となり》や前や後ろなどにいる女性の、どこに自分の体が触《ふ》れるか分かりません。

そのときに、腕《うで》をつかまれて、「この人、痴漢《ちかん》です」と言われたら、警察官であろうとも、もうそれで終わりです。駅舎に連れて行かれ、パトカーが来て、そのまま、警察に連れて行かれたら、女性が言った場合は、ほぼ有罪確実になるので、職を失う恐《おそ》れがあるのです。

そのようなわけで、刑事たちも、そうした痴漢の取り調べをするときには、「おまえは不用心だ。俺《おれ》たちだって、毎日〝ホールドアップ〟をして通勤しているのだ。だから、『満員電車のなかで、手を下ろして鞄を持っていたので、鞄が当たっただけです』などという言い逃《のが》れができると思っている、おまえのほうが甘《あま》い」という話をすると言われたりもしています。

このへんについては、何とか改善しなくてはいけないものもあるとは思います。「女性専用車両」のようなものもできたりはしているのですが、職場のルールにおいては、それぞれの企業《きぎょう》文化もあって、なかなか難しいところがあるでしょう。

例えば、「化粧品販売《けしょうひんはんばい》」のように、昔から女性が主体の職場、女性の強い職場などであれば、やはり、女性が優遇《ゆうぐう》されるような扱いを受けているとは思います。

しかし、「男尊女卑《だんそんじょひ》」の風潮が強い職場もありますので、そのような、男性が優遇されているような職場においては、多少、難しい面もあって、そのへんは、今後、まだまだ検討の余地があるかと思うのです。

## 現代では新たな考察が求められる「邪婬戒《じゃいんかい》」

いずれにしても、もともとの戒律《かいりつ》としての「邪婬戒《じゃいんかい》」「婬戒」というのは、「子供を産んで育てていく、家庭を持つ」という社会的制度の維持のためにあったものだと思われます。そのように、制度的に社会システムを守るためにあったものでしょう。

ただ、「現代のように、さまざまな技術が進んだ社会において、それをどのように判断するか」というところは、別途、考えを深めていかねばならないと思うのです。

現代では、医学の進歩もあるので、とりあえずは、そうした戒律的なものや法律的なものが、人権侵害《しんがい》に当たるほど、強いものになってはいけないでしょう。また、社会生活を困難にするようなところまで行ってしまったら、少し行きすぎではないかという感じはします。

ただ、「仏陀教団が、学生と同じ扱いだった」ということを考えると、この戒律も、現代でいえば、中学生や高校生、一部の大学生に当てはまるようなものであったと思います。大学生の場合、少し緩いものの、中学生や高校生の場合は、今も、ある程度、名門校的なところであれば、男女の問題などが起きると、すぐに処分されたりすることもあるので、それと似たようなものだと考えてもよいのかもしれません。

「学生の本分は勉強にあり」ということであれば、腐《くさ》ったリンゴやミカンが一個あると周りも腐っていくように、何らかの処分をしないと周りに影響が出てしまいます。

そのようなわけで、「何か、処分を行う」ということが、どこでも行われていると思います。それと似たような感じだったと見てもよいかもしれません。「社会的な防波堤《ぼうはてい》」としての認識であると思います。ただ、この戒律については、いろいろと多角的な考察が、まだ必要でしょう。

## 「不飲酒《ふおんじゅ》」——「酒を飲むなかれ」の解釈《かいしゃく》

さらに、それ以外には、「不飲酒《ふおんじゅ》」の戒律があります。これは「酒を飲むなかれ」ということです。

私は、幸福の科学の根本経典である『仏説《ぶっせつ》・正心法語《しょうしんほうご》』のなかに、「目覚めの言葉『次第説法《しだいせっぽう》』」という経文を書いたのですが、よく見ると、「不飲酒」は外してあります。「これを入れると、現代人には少し厳しいだろう」と思ったのです。

「幸福の科学は禁酒の会ですか」と、ときどき言われることがありますが、やはり、実際に仕事をしているビジネスマン・ビジネスウーマン等にとっては、営業などの関係で付き合いを断れない面もあるでしょう。

そのため、そうした戒律をはっきり入れて、「不飲酒の会」のようにしてしまうと、仕事上に影響が出る場合もありますし、あるいは、アル・カポネが活躍《かつやく》していた、アメリカの「禁酒法の時代」のようになって、禁酒法を定めること自体が、実は、犯罪を助長したり、ギャングを増長させるようなところもありますので、兼《か》ね合いとしては難しいものがあるとは思います。

## 「仏陀教団《ぶっだ》」には、なぜ「不飲酒《ふおんじゅ》」があったのか

　インドの場合は暑いですし、食品衛生上、あまりよい状況ではなかったこともあって、当時、飲まれていた「ヤシ酒《ざけ》」というお酒が、ヤシの実を割って、発酵《はっこう》させて飲むお酒だったので、やや悪酔《わるよ》いしたり、二日酔いしたりするような悪いお酒ではあったのです。

　そのため、そうしたヤシ酒、ヤシの実でつくったお酒を飲むと、だいたい仕事をせずに、昼間から酔っ払《ぱら》って、ぐうたらしている状態でした。

そのようなわけで、「お酒を飲む男とは、娘《むすめ》を結婚させるな」という言い伝えが当時からあったのです。これは、日本でも、おそらくあったと思います。「呑兵衛《のんべえ》と結婚するな」みたいなことは、親としては、よく言っていたことではあったでしょう。

その意味で、そうした「ヤシ酒」という悪い発酵酒に対して、仏陀《ぶっだ》教団では、「飲まないほうがよい」というようなことを言っていたようです。これは、「勤勉でないことの証明になってしまう」という意味で言っていたと思うのです。

ただ、もちろん、「お酒を飲んだら、法律に触れる」ということではありません。在家の人は、「飲まないほうがよいですよ」と言われてはいるものの、「守れない。どうしても、お酒が好きでやめられない」という人もいるので、そのときは、「どれか、ほかの戒律を守って、修行しなさい。五カ条のすべてを守れれば、いちばんよいけれども、できないのなら、そのうちの二つでも三つでもよいですよ」というようなかたちだったのです。

そのように、「不飲酒《ふおんじゅ》」の戒はありました。

## 現代にも生きている、「不飲酒《ふおんじゅ》」の考え方

これを現代的に言うとすると、おそらく、「お酒も、薬になるような飲み方はいいけれども、度を越《こ》して、アルコール中毒になってしまうところ

まで行ったり、糖尿病《とうにょうびょう》になったりするようなところまで行くと、少し行きすぎだ」ということは言えると思うのです。

また、仕事に害があるような人、あるいは、勉強をしているような人にとっては、制限がかかってくるのは当たり前かと思います。

これと同様のものに、麻薬《まやく》や覚醒剤《かくせいざい》、その他いろいろと、今、世界的に〝揉《も》めて〟いるものがたくさんあります。あるいは、少し話は違いますが、競馬《けいば》や競輪《けいりん》、パチンコ、さまざまな賭博《とばく》等、「射幸心《しゃこうしん》」を煽《あお》るもの、人がのめり込むと抜けられなくなって、「人生の破滅《はめつ》」がよく起きるようなものがあります。

これらのなかで、法律で禁止されているものについては、「やってはいけない」のは言うまでもありませんが、それ以外のものに関しては、この「不飲酒《ふおんじゅ》」の戒律の考え方を、ある程度、適用、準用しても構わない面があるでしょう。それらは、「まったく、してはいけない」とは言わないもののの、やはり、入り浸《びた》りになると、どれも人生を破滅させるようなものばかりです。

競輪も、人生経験のなかには、あってもよいかもしれませんが、毎週毎週、やっていたら、借金まみれになっていくのは、ほぼ間違いありません。競馬もそうでしょう。ただ、競馬については、お金持ちで、馬を持って、楽しんでやっている人もいるので、全部が全部、そうとは言いません。

また、パチンコなども、「毎日、家を抜け出して、学校あるいは職場にも行かず、パチンコ屋に通っている」というような場合、やはり、社会的には、再起がなかなか難しいタイプであるでしょう。これも、「たまには、いいかもしれないが、度が過ぎてはいけない」というところは、お酒と同じ問題であると思うのです。

そのように、〝のめり込んで〟しまって抜けられなくなるようなものに関しては、気をつけなければいけません。

## 国によっては「恐《おそ》ろしい面」がある「麻薬《まやく》」

また、麻薬《まやく》等も、国によっては、「合法」としているところもあれば、

「即《そく》死刑」というところもありますから、非常に怖《こわ》いのです。

例えば、アメリカの二十州ぐらいでは、マリファナなどが、今、合法になってきつつありますが、中国などであれば、もう、一発で死刑になることもありますので、「恐《おそ》ろしい」と言われています。

日本人のなかにも死刑になった人がいますが、「自分には身に覚えがない」と言っても、即決《そっけつ》裁判で、あっという間に死刑にされてしまえば、助けようもないわけです。

スリの逆ですが、例えば、中国の空港などでポケットのなかに〝白い粉〟をそっと入れられて、「麻薬を持っている。密輸だ」ということで捕まり、五日以内にすぐ処刑されてしまうとするならば、自分が消したい相手に最初から狙いをつけ、「どこかで隙《すき》を見て、あいつのポケットに麻薬を入れておけ」と言って、その人が捕まるように最初から計画することもできます。そうすることで、政治的に中国共産党と正反対のことを言ったり、中国共産党の批判をしているような人などを、見せしめに死刑にしようと思えば、やれなくはないので、これには怖いところもあるでしょう。

そのような面も考えなくてはいけません。

## 知らないと危ない、「イスラム教圏《けん》」の文化の違《ちが》い

また、イスラム教圏《けん》では、お酒と麻薬系統、そして、女性系統も、かな

り厳しい取り締まりがあります。

私が商社マンとして勤めていたときも、イラクやイランなどで駐在員《ちゅうざいいん》をしていた人たちのなかには、有給休暇《きゅうか》を取ってはスイスまで抜け出して、お酒を飲みに行く人もいました。少し高いお酒ではありますが、「スイスまで抜け出して、ようやく気分転換《てんかん》ができて、また戻《もど》ってくる」というようなことをやっていたのです。なぜなら、現地では、お酒を飲んでいるだけでも捕まったりすることがあるからです。

また、異性に手を出した場合、「結婚しなかったら殺される」という恐れもあって、日本の奥さんと泣く泣く離婚した人もいました。

これは現実にあった話です。向こうに駐在している間に、男女関係ができてしまうと、相手の親兄弟が出てきて、「現地妻として、イスラム式で結婚しろ。しないのだったら殺す」と言うので、もう震《ふる》え上がってしまって、そうするより、しかたがなかったのです。

そのため、日本の奥さんに、「残念だけど、僕《ぼく》は殺されるよりはいいと思うので離婚になるけれども、あとは、よろしく頑張《がんば》ってくれたまえ」と言って、離婚をし、現地妻と結婚しなくてはいけないことになるわけです。

この誘惑《ゆうわく》は、けっこうあります。インドネシアなどもイスラム教国ですが、商社マンが行くと収入が高いため、現地では、大臣ぐらいの生活水準が味わえました。庭付きの豪邸《ごうてい》に使用人付きで住めるので、すっかり、いい気分になるのです。

それで、女性などがお手伝いに入ってくるわけですが、楚々《そそ》としてお手伝いをしているかと思うと、「男女関係ができたとたんに、一族郎党がみんな集まってきて、『さあ、手を出したのなら結婚しろ』と言うので、『えぇっ!?』という感じで、現地で結婚しなくてはいけないことになって、その後、日本での出世は、もはやなくなる」というようなケースは、多々、ありました。

このへんの「宗教間の異文化コミュニケーション」のところは十分に理解していないと、危険なところがあるでしょう。

そのように、戒律には、両方に働く面があるのではないかと思います。

## 「不妄語《ふもうご》」――「正直であれ」の実践《じっせん》の難しさ

さらに、「不妄語《ふもうご》」の教えについても述べましょう。

これは、「嘘《うそ》を言ってはいけない」ということです。

修行者にとっては、「真実語を話さなければいけない」「真理に基《もと》づいて話をしなくてはいけない」ということになりますが、在家であれば、そこまでは厳しくないかもしれません。

まず、「正直であれ」というのは当然のことであり、現在で言えば、「法律に触れるようなことや、詐欺《さぎ》、ごまかしに当たるようなことはしない」

ということです。そういう詐欺罪に当たることや、相手に財産的な損害を与えるようなこと、例えば、振《ふ》り込め詐欺や、ありもしない商品を売ったり、偽《にせ》商品を売ったりするようなことでしょう。

ただ、実際には、インドやイスラム圏のほうに行くと、インチキ商品をつかまされるケースはけっこう多いものです。インドも商売上手ですので、ずいぶんいろいろな商品を売りつけられることがありますし、値段や定価などあってなきがごとしでしょう。

例えば、商品を体に押し付けてきて触《さわ》らせておいて、買わざるをえない状況にするのです。しかも、値段も、定価そのままに言うとおりに買ったら損をします。実は、「値切り交渉《こうしょう》をして、その交渉力によって値段が決まる」という前提があるので高くふっかけられているのですが、日本ではよく定価商売をしているために、それを知らずに定価で買ってしまうわけです。ところが、少し歩いて別なところに行くと、半額で売っていたり、三分の一の値段で売っていたりするので、「しまった！」と思うことがよくあるのです。

いまだにそういう状態ですから、一般の人には、「嘘をつくなかれ」「正直であれ」ということは、なかなか守れないことなのでしょう。ただ、仏言《ぶつごん》として聞かせておく必要があったのだろうとは思います。

このように、「不殺生、不偸盗、不邪婬、不妄語、不飲酒」という戒律を五つとも守れたら、それに越したことはありませんが、「とりあえず、守れるものから守りなさい」ということではあったのです。

## 5　次第説法《しだいせっぽう》③——生天論《しょうてんろん》

### 仏教において非常に簡易に説かれた「幸福になれる道」

このように、「お布施《ふせ》をもらいにくる出家修行者《しゅっけしゅぎょうしゃ》たちに、定期的にお布施をし、さらに、五つぐらいの戒律《かいりつ》を中心に守って生活をしていったら、生天論《しょうてんろん》、すなわち、天国、天界《てんかい》に還《かえ》れます。これが最大の幸福ですよ」という、非常に簡易化した教えなのです。

　つまり、仏教に帰依《きえ》することの最大の幸福は、「これを守っていれば天界に還れる」ということであり、教えとして非常に簡単ではあります。

　お布施の功徳《くどく》を説いて、「お布施をすることは大事ですよ。戒律も守れるものは守りなさい。そうすれば、あなたは天界に還れます」ということを仏が約束してくれているわけですから、それで在家《ざいけ》信者が広がっていくのです。仏教的に、非常に簡単なかたちではありますが、これが、あの世を信じている人たちが、「幸福になれる道」として信じていた生き方です。

　これは、あの世を信じない人が多くなり、科学的な唯物論者《ゆいぶつろんしゃ》が多くなってきた現代においては、非常に厳しいものがあるかもしれません。

　しかし、真実は、あの世があり、霊《れい》としてあの世に還っているのです。

これは事実そのものであって、「事実は事実、真実は真実」です。

私は、霊言集《れいげんしゅう》等の本を出すことで、そうしたことを繰《く》り返し証明しているつもりではおりますが、まだ週刊誌レベルでは揶揄《やゆ》・嘲笑《ちょうしょう》する気《け》が多く、なかなか残念ではあります。

もちろん、そういう人たちには、「カルマの刈《か》り取り」が必ず待っているとは思います。世の人々を迷わした罪には、必ず「刈り取り」のときが来るので、死んでからあとでどうなるかは、自分で実体験してもらうしかありません。

ただ、これは現実にあるのであって、「百パーセントある」としか言いようがないのです。

## カントが「あの世は、あるはずだ」と考えた理由

最近、ときどき、カントが、「学問性を高めて、哲学《てつがく》を立てたために、霊魂《れいこん》やあの世など、そうした神学《しんがく》、宗教のほうを否定する動きになった」といって槍玉《やりだま》に挙げられています。

しかし、カント自身は、やはり、あの世の存在を認めていました。「あの世というものは存在している。神が、善悪について、最終的にその辻褄《つじつま》が合うように見てくれていなかったら、この世があまりにも不合理すぎる」というようなことを言っています。

つまり、善行《ぜんこう》を積んだ人が非業《ひごう》の最期《さいご》を遂《と》げることもあれば、さんざん悪いことをした人が大金持ちになって幸福に暮らす場合もあるわけです。これだけでは、この世があまりにも、不合理的な世界にすぎるでしょう。そういう意味で、「倫理《りんり》的な目から見て、あるいは善因善果《ぜんいんぜんが》、悪因悪果《あくいんあくが》の関係から見て、来世《らいせ》というものがなかったら辻褄が合わない」ということを、カントも認めているのです。

この世では、「善行を積んだ人が、そのまま善人として周りからほめられる」とか、「悪いことをした人が捕《つか》まって刑務所《けいむしょ》に入れられ、罪を償《つぐな》う」とかいうようには、必ずしもなっていないことが数多くあります。巨悪《きょあく》はどうまく逃《に》げるし、善意の人が周りから批判や非難を受けることもあるわけです。

「このままで死んで、何もかもが終わりであれば、あまりにも不公平な世の中だ。やはり善の観点から考えて、来世はなければならないし、来世があることによって、神の説く教えに整合性があって正しいものだと認められる」ということでしょう。

そういう意味で、彼は、神義論《しんぎろん》、「神の正しさ」を認める観点から、「来世は認めるべきだ。因果《いんが》の理法《りほう》から見ても、必ず来世がなかったらおかしい。論理的には、あるべきだ」ということをはっきりと言っています。この点を補強しなくてはいけないでしょう。

カントの流れを汲《く》んでいる人たちが、あの世を否定したり、あるいは物質科学万能《ばんのう》というようなことを言ったりしているけれども、カント自身は、「この世のことだけで完結するのはおかしい」と認めているので、そのへんのことは知っておいてほしいと思います。

# 6　世界宗教に共通する「来世《らいせ》まで続く幸福論」

## この世で正しい生き方をすることが、来世の幸福につながる

本書では、「仏教的幸福論」について説きましたが、これは結局、「この世の生き方を正し、努力精進《しょうじん》する生き方をして、徳を積みながら、来世《らいせ》で幸福な世界に還《かえ》ろう」という教えです。

また、イスラム教も基本的には同じで、「この世ではいろいろな戒律《かいりつ》が

あるけれども、来世は楽しい生活が待っている」ということを言っています。

なお、ユダヤ教には戒律があるものの、キリスト教にはあまり戒律的なものがはっきりとは出ていないかもしれません。しかし、「神への信仰《しんこう》を立て、この世で苦難や病気、いろいろな悲惨《ひさん》なことに遭《あ》っても、その信仰を持ち続けた人は、死後に救われる」という思想はあるわけです。

そういう意味で、宗教としては、「最終的に来世の幸福までつながっている」と言ってよいでしょうし、そこまで入らなければ幸福論としては完結しません。

やはり、「この世だけでの成功論」と「来世まで続く幸福論」とは同じではないということです。ここまで入って本当の幸福論であって、この世だけでの幸福論では、どうしても狭《せま》いものになります。それはハウツー的なものになりやすいでしょう。

「来世までの幸福論」があれば深みがあるものになると思いますし、「神様、仏様という目に見えない存在が自分の一生を見てくれていて、公平に判定してくださるのだ」と思えばこそ、人間は善を実践《じっせん》することができます。それは、「善人として生きるに値《あたい》する人生だ」と思うことができるようになるということです。

## 過《あやま》てる仏教学者による「仏教への侮辱《ぶじょく》」を破《は》す

何事も杓子定規《しゃくしじょうぎ》に考えてはならない面はありますけれども、基本的に、そういう考えが仏教の考えです。「来世の肯定《こうてい》」については、仏陀《ぶっだ》が最初からいろいろなところに遊行《ゆぎょう》しては、何度も何度も「次第説法《しだいせっぽう》」の「施《せ》論《ろん》・戒論《かいろん》・生天論《しょうてんろん》」として説いていたことです。

こうしたことについて、インド哲学《てつがく》者で中村元《なかむらはじめ》の先生だった宇井伯寿《ういはくじゅ》であるとか、東大の名誉《めいよ》教授をしたような人たちには、「こんなことは、昔の人や、あるいは、原始時代の人の『子供騙《だま》し』だ。たとえ話としてつくった、人を導くための方便だろう」というぐらいに見ているところがあるようです。

しかし、「妄語《もうご》を戒《いまし》めた仏陀が、金儲《かねもう》けをしたいからといって、『お布施《ふせ》をすることはよいことだ』という、ありもしない功徳《くどく》をつくり出した」と考えるのはおかしいでしょう。

また、「戒律を守ることで精神性が高まる」、あるいは、「努力したり、忍耐《にんたい》したりする力が一種の徳力になってくる」ということも事実です。

さらには、「生天論」として、「施論、戒論を守れば、天国、天界《てんかい》に還れますよ。地獄界《じごくかい》には、阿修羅界《あしゅらかい》や畜生道《ちくしょうどう》（動物界）、阿鼻叫喚《あびきょうかん》地獄、無間《むけん》地獄など、いろいろな地獄がありますし、畜生道に生まれたような人は、その次には人間に生まれられずに、動物に生まれる可能性もあるでしょう。しかし、そういう地獄界に生まれずに、ちゃんと天界に還れるのです」と言っているわけです。

やはり、妄語を戒めている仏陀がそう言っている以上、これは「真実語」として捉《とら》えるべきです。

「最初から、仏陀が方便のために、初見の民衆に対して嘘《うそ》を説いた」というのは、仏教に対する大いなる侮辱《ぶじょく》だと思います。

たとえ仏教学者として、文献《ぶんけん》学者的にいかに偉大《いだい》だと言われている人であったとしても、また、どのような勲章《くんしょう》をもらっている人であったとしても、仏陀の基本スタイルである教えを否定するというようなことは「間違《まちが》っている」と言わざるをえません。

## 「次第説法《しだいせっぽう》」から「四諦《したい》・八正道《はっしょうどう》」へ続く仏陀《ぶっだ》の教え方のスタイル

仏教の教えはたくさんありますが、今日はそのなかで、仏陀《ぶっだ》が初めての民衆に対していつも説いていた「施論・戒論・生天論」という「次第説《しだいせっ》法《ぽう》」を中心に話をしました。

さらに、このあとに続いて、「因果《いんが》の理法《りほう》」をもとに「四諦《したい》」、すなわち、「苦《く》・集《じゅう》・滅《めつ》・道《どう》」が説かれます。

「この世は苦しみの世界だけれども（苦）、苦しみには原因がある（集）。

それを『滅《めっ》しよう』『滅《ほろ》ぼそう』という心、そうした発心《ほっしん》を起こしたら（滅）、八正道《はっしょうどう》を実践する（道）。そうしているうちに『悟《さと》りの道』に入れるのだ」というのが、「苦・集・滅・道」の「四諦」です。つまり、「四諦・八正道」という教えがあるわけです。

ここまでいくと、在家《ざいけ》の人には少し難しいかもしれませんが、在家のなかでも勉強が進み、出家《しゅっけ》に混じって話が聴《き》けるぐらいのレベルになった人は、こういう話も聴いていました。

「施論・戒論・生天論を説いたあとに、四諦・八正道、および、中道《ちゅうどう》の教えを説いていくというのが、仏陀の基本的な教え方のスタイルであった」と考えてよいと思います。

なお、八正道については、仏教論シリーズのなかに、そのテーマのものが一冊ありますので（『八正道の心』〔幸福の科学出版刊〕参照）、そちらのほうで勉強していただければ幸いです。

## あとがき

現代でも、世界各地で、宗教団体に寄付、お布施《ふせ》することはあたり前だとされているが、今から二千五百年以前にお布施の功徳《くどく》を明確に説いていたのが仏陀である。

この世での金銭的執着《しゅうちゃく》を断つ修行であると同時に、「天《てん》の倉《くら》に富を積む」徳行《とくぎょう》である。キリスト教でも似たことは教えられているが、ここまで理論的にスッキリとはしていない。

また仏教を知る上で見逃しやすいのが「戒律論《かいりつろん》」であるが、出家の戒律と在家の戒律とでは、質量ともに違いがある。一般向けに説かれていた五戒は、現代人にとっても修養の徳目として考えられるものである。
さらに特筆《とくひつ》すべきは、仏陀自ら、「生天論《しょうてんろん》」を論理的帰結《ろんりてききけつ》として導いていたことである。「施論」「戒論」を肝《きも》に銘《めい》じておれば天界に帰れるのだという約束である。「仏言《ぶつごん》に虚言《きょげん》なし」である。仏教を名乗りながら無神論・無霊魂説《むれいこんせつ》に流れる現代の仏教諸宗派に反省を求めるとともに、安易に「0葬《ゼロそう》」や「自然葬」を唱える人たちにも更なる勉強を求めたいところだ。

二〇一四年　八月二十三日

幸福《こうふく》の科学《かがく》グループ創始者兼総裁《そうししゃけんそうさい》
幸福《こうふく》の科学大学創立者《かがくだいがくそうりつしゃ》　大川隆法《おおかわりゅうほう》

『仏教的幸福論――施論・戒論・生天論――』大川隆法著作関連書籍

『八正道の心』（幸福の科学出版刊）
『仏陀再誕』（同右）
『悟りの挑戦（上巻）』（同右）
『悟りの挑戦（下巻）』（同右）
『沈黙の仏陀』（同右）
『仏教学から観た「幸福の科学」分析』（同右）
『比較宗教学から観た「幸福の科学」学・入門』（同右）

仏教的幸福論《ぶっきょうてきこうふくろん》――施論《せろん》・戒論《かいろん》・生天論《しょうてんろん》――

2014年8月26日　初版第1刷

著　者　　大川隆法《おおかわりゅうほう》

発行所　　幸福の科学出版株式会社

〒107-0052 東京都港区赤坂2丁目10番14号
TEL(03)5573-7700
http://www.irhpress.co.jp/

印刷・製本　株式会社 東京研文社

落丁・乱丁本はおとりかえいたします

ISBN978-4-86395-538-7 C0014

## 大川隆法シリーズ・**最新刊**

# 西田幾多郎の「善の研究」と幸福の科学の基本教学「幸福の原理」を対比する

既存の文献を研究するだけの学問は、もはや意味がない！ 独創的と言われる「西田哲学」を超える学問性を持った「大川隆法学」の原点がここに。

1,500円

---

# 「成功の心理学」講義

### 成功者に共通する「心の法則」とは何か

人生と経営を成功させる「普遍の法則」と「メンタリティ」とは？「熱意」「努力の継続」「三福」――あなたを成功へ導く成功学のエッセンスが示される。

1,500円

---

# 宗教社会学概論

### 人生と死後の幸福学

なぜ民族紛争や宗教対立が生まれるのか？ 世界宗教や民族宗教の成り立ちから、教えの違い、そして、その奥にある「共通点」までを明らかにする。

1,500円

※表示価格は本体価格（税別）です。

## 大川隆法シリーズ・**最新刊**

### 幸福の科学大学創立者の精神を学ぶI（概論）

**宗教的精神に基づく学問とは何か**

いま、教育界に必要な「戦後レジームからの脱却」とは何か。新文明の創造を目指す幸福の科学大学の「建学の精神」を、創立者みずからが語る。

1,500円

---

### 幸福の科学大学創立者の精神を学ぶII（概論）

**普遍的真理への終わりなき探究**

「知識量の増大」と「専門分化」が急速に進む現代の大学教育に必要なものとは何か。幸福の科学大学創立者が「新しき幸福学」の重要性を語る。

1,500円

---

### 幸福学概論

個人の幸福から企業・組織の幸福、そして国家と世界の幸福まで、1600冊を超える著書で説かれた縦横無尽な「幸福論」のエッセンスがこの一冊に！

1,500円

## 大川隆法ベストセラーズ・悟りの世界へ誘う

# 大悟の法

### 常に仏陀と共に歩め

「悟りと許し」の本論に斬り込んだ、著者渾身の一冊。分かりやすく現代的に説かれた教えは人生の疑問への結論に満ち満ちている。

2,000円

# 仏陀再誕

### 縁生の弟子たちへのメッセージ

我、再誕す。すべての弟子たちよ、目覚めよ――。二千五百年前、インドの地において説かれた釈迦の直説金《じきせつこん》口《く》の教えが、現代に甦る。

1,748円

# 釈迦の本心

### よみがえる仏陀の悟り

釈尊の出家・成道を再現し、その教えを現代人に分かりやすく書き下ろした仏教思想入門。読者を無限の霊的進化へと導く。

2,000円

## 大川隆法ベストセラーズ・幸福論シリーズ

### 北条政子の幸福論
### —嫉妬・愛・女性の帝王学—

現代女性にとっての幸せのカタチとは何か。夫である頼朝を将軍に出世させ、自らも政治を取り仕切った北条政子が、成功を目指す女性の「幸福への道」を語る。

1,500円

### 孔子の幸福論

聖人君子の道を説いた孔子は、現代をどう見るのか。各年代別の幸福論から理想の政治、そして現代の国際潮流の行方まで、儒教思想の真髄が明かされる。

1,500円

### ムハンマドの幸福論

西洋文明の価値観とは異なる「イスラム世界」の幸福とは何か？　イスラム教の開祖・ムハンマドが、その「信仰」から「国家観」「幸福論」までを語る。

1,500円

### パウロの信仰論・伝道論・幸福論

キリスト教徒を迫害していたパウロは、なぜ大伝道の立役者となりえたのか。「ダマスコの回心」の真実、贖罪説の真意、信仰のあるべき姿を、パウロ自身が語る。

1,500円

## 大川隆法 ベストセラーズ・「幸福の科学大学」が目指すもの

# 宗教学から観た「幸福の科学」学・入門

### 立宗 27 年目の未来型宗教を分析する

幸福の科学とは、どんな宗教なのか。教義や活動の特徴とは？ 他の宗教との違いとは？ 総裁自らが、宗教学の見地から「幸福の科学」を分析する。

1,500 円

# 仏教学から観た「幸福の科学」分析

### 東大名誉教授・中村元と仏教学者・渡辺照宏のパースペクティブ（視角）から

仏教は「無霊魂説」ではない！ 仏教学の権威 中村元氏の死後 14 年目の衝撃の真実と、渡辺照宏氏の天上界からのメッセージを収録。

1,500 円

# 幸福の科学の基本教義とは何か

### 真理と信仰をめぐる幸福論

進化し続ける幸福の科学──本当の幸福とは何か。永遠の真理とは？ 信仰とは何なのか？ 総裁自らが説き明かす未来型宗教を知るためのヒント。

1,500 円

# 比較宗教学から観た「幸福の科学」学・入門

### 性のタブーと結婚・出家制度

同性婚、代理出産、クローンなど、人類の新しい課題への答えとは？ 未来志向の「正しさ」を求めて、比較宗教学の視点から、仏陀の真意を検証する。

1,500 円

幸福の科学出版

Noblesse《ノーブレス》 Oblige《オブリージ》

「高貴なる義務」を果たす、
「真のエリート」を目指せ。

# 幸福の科学学園
## 中学校・高等学校（那須本校）

Happy Science Academy Junior and Senior High School

「私は、
教育が人間を創ると
信じている一人である。
若い人たちに、
夢とロマンと、精進、
勇気の大切さを伝えたい。
この国を、全世界を、
ユートピアに変えていく力を
出してもらいたいのだ。」

（幸福の科学学園 創立記念碑より）

幸福の科学学園 創立者
**大川隆法**

幸福の科学学園（那須本校）は、幸福の科学の教育理念のもとにつくられた、男女共学、全寮制の中学校・高等学校です。自由闊達な校風のもと、「高度な知性」と「徳育」を融合させ、社会に貢献するリーダーの養成を目指しており、2014年4月には開校四周年を迎えました。

**Noblesse《ノーブレス》 Oblige《オブリージ》**

「高貴なる義務」を果たす、
「真のエリート」を目指せ。

2013年 春 開校

# 幸福の科学学園
# 関西中学校・高等学校

Happy Science Academy
Kansai Junior and Senior High School

私は日本に
真のエリート校を創り、
世界の模範としたい
という気概に満ちている。
『幸福の科学学園』は、
私の『希望』であり、
『宝』でもある。
世界を変えていく、
多才かつ多彩な人材が、
今後、数限りなく
輩出されていくことだろう。
（幸福の科学学園関西校 創立記念碑より）

幸福の科学学園 創立者
**大川隆法**

滋賀県大津市、美しい琵琶湖の西岸に建つ幸福の科学学園（関西校）は、男女共学、通学も入寮も可能な中学校・高等学校です。発展・繁栄を校風とし、宗教教育や企業家教育を通して、学力と企業家精神、徳力を備えた、未来の世界に責任を持つ「世界のリーダー」を輩出することを目指しています。

# 幸福の科学学園・教育の特色

## 「徳ある英才」の創造

教科「宗教」で真理を学び、行事や部活動、寮を含めた学校生活全体で実修して、ノーブレス・オブリージ(高貴なる義務)を果たす「徳ある英才」を育てていきます。

体育祭

## 天分を伸ばす「創造性教育」

教科「探究創造」で、偉人学習に力を入れると共に、日本文化や国際コミュニケーションなどの教養教育を施すことで、各自が自分の使命・理想像を発見できるよう導きます。さらに高大連携教育で、知識のみならず、知識の応用能力も磨き、企業家精神も養成します。芸術面にも力を入れます。

探究創造科発表会

## 一人ひとりの進度に合わせた「きめ細やかな進学指導」

熱意溢れる上質の授業をベースに、一人ひとりの強みと弱みを分析して対策を立てます。強みを伸ばす「特別講習」や、弱点を分かるところまでさかのぼって克服する「補講」や「個別指導」で、第一志望に合格する進学指導を実現します。

授業の様子

## 自立心と友情を育てる「寮制」

寮は、真なる自立を促し、信じ合える仲間をつくる場です。親元を離れ、団体生活を送ることで、縦・横の関係を学び、力強い自立心と友情、社会性を養います。

毎朝夕のお祈りの時間

# 幸福の科学学園の進学指導

## 1 英数先行型授業

受験に大切な英語と数学を特に重視。「わかる」(解法理解)まで教え、「できる」(解法応用)、「点がとれる」(スピード訓練)まで繰り返し演習しながら、高校三年間の内容を高校二年までにマスター。高校二年からの文理別科目も余裕で仕上げられる効率的学習設計です。

## 2 習熟度別授業

英語・数学は、中学一年から習熟度別クラス編成による授業を実施。生徒のレベルに応じてきめ細やかに指導します。各教科ごとに作成された学習計画と、合格までのロードマップに基づいて、大学受験に向けた学力強化を図ります。

## 3 基礎力強化の補講と個別指導

基礎レベルの強化が必要な生徒には、放課後や夕食後の時間に、英数中心の補講を実施。特に数学においては、授業の中で行われる確認テストで合格に満たない場合は、できるまで徹底した補講を行います。さらに、カフェテリアなどでの質疑対応の形で個別指導も行います。

## 4 特別講習

夏期・冬期の休業中には、中学一年から高校二年まで、特別講習を実施。中学生は国・数・英の三教科を中心に、高校一年からは五教科でそれぞれ実力別に分けた講座を開講し、実力養成を図ります。高校二年からは、春期講習会も実施し、大学受験に向けて、より強化します。

## 5 幸福の科学大学(仮称・設置認可申請中)への進学

二〇一五年四月開学予定の幸福の科学大学への進学を目指す生徒を対象に、推薦制度を設ける予定です。留学用英語や専門基礎の先取りなど、社会で役立つ学問の基礎を指導します。

授業の様子

**詳しい内容、パンフレット、募集要項のお申し込みは下記まで。**

幸福の科学学園 関西中学校・高等学校

〒520-0248
滋賀県大津市仰木の里東2-16-1
TEL.077-573-7774
FAX.077-573-7775
[公式サイト]
www.kansai.happy-science.ac.jp
[お問い合わせ]
info-kansai@happy-science.ac.jp

幸福の科学学園 中学校・高等学校

〒329-3434
栃木県那須郡那須町梁瀬 487-1
TEL.0287-75-7777
FAX.0287-75-7779
[公式サイト]
www.happy-science.ac.jp
[お問い合わせ]
info-js@happy-science.ac.jp

仏法真理塾

# サクセスNo.1

未来の菩薩を育て、仏国土ユートピアを目指す！

サクセスNo.1 東京本校（戸越精舎内）

## 仏法真理塾「サクセスNo.1」とは

宗教法人幸福の科学による信仰教育の機関です。信仰教育・徳育にウエイトを置きつつ、将来、社会人として活躍するための学力養成にも力を注いでいます。

「サクセスNo.1」のねらいには、「仏法真理と子どもの教育面での成長とを一体化させる」ということが根本にあるのです。

大川隆法総裁　御法話「『サクセスNo.1』の精神」より

# 仏法真理塾「サクセスNo.1」の教育について

## 信仰教育が育む健全な心

御法話拝聴や祈願、経典の学習会などを通して、仏の子としての「正しい心」を学びます。

## 学業修行で学力を伸ばす

忍耐力や集中力、克己心を磨き、努力によって道を拓く喜びを体得します。

## 法友との交流で友情を築く

塾生同士の交流も活発です。お互いに信仰の価値観を共有するなかで、深い友情が育まれます。

●サクセスNo.1は全国に、本校・拠点・支部校を展開しています。

| | | |
|---|---|---|
| 東京本校 | TEL.03-5750-0747 | FAX.03-5750-0737 |
| 名古屋本校 | TEL.052-930-6389 | FAX.052-930-6390 |
| 大阪本校 | TEL.06-6271-7787 | FAX.06-6271-7831 |
| 京滋本校 | TEL.075-694-1777 | FAX.075-661-8864 |
| 神戸本校 | TEL.078-381-6227 | FAX.078-381-6228 |
| 西東京本校 | TEL.042-643-0722 | FAX.042-643-0723 |
| 札幌本校 | TEL.011-768-7734 | FAX.011-768-7738 |
| 福岡本校 | TEL.092-732-7200 | FAX.092-732-7110 |
| 宇都宮本校 | TEL.028-611-4780 | FAX.028-611-4781 |
| 高松本校 | TEL.087-811-2775 | FAX.087-821-9177 |
| 沖縄本校 | TEL.098-917-0472 | FAX.098-917-0473 |
| 広島拠点 | TEL.090-4913-7771 | FAX.082-533-7733 |
| 岡山本校 | TEL.086-207-2070 | FAX.086-207-2033 |
| 北陸拠点 | TEL.080-3460-3754 | FAX.076-464-1341 |
| 大宮本校 | TEL.048-778-9047 | FAX.048-778-9047 |
| 仙台拠点 | TEL.090-9808-3061 | FAX.022-781-5534 |
| 熊本拠点 | TEL.080-9658-8012 | FAX.096-213-4747 |

全国支部校のお問い合わせは、サクセスNo.1東京本校（TEL. 03-5750-0747）まで。

メール info@success.irh.jp

# エンゼルプランV

信仰教育をベースに、知育や創造活動も行っています。

信仰に基づいて、幼児の心を豊かに育む情操教育を行っています。また、知育や創造活動を通して、ひとりひとりの子どもの個性を大切に伸ばします。お母さんたちの心の交流の場ともなっています。

TEL 03-5750-0757　FAX 03-5750-0767
メール angel-plan-v@kofuku-no-kagaku.or.jp

# ネバー・マインド

不登校の子どもたちを支援するスクール。

「ネバー・マインド」とは、幸福の科学グループの不登校児支援スクールです。「信仰教育」と「学業支援」「体力増強」を柱に、合宿をはじめとするさまざまなプログラムで、再登校へのチャレンジと、進路先の受験対策指導、生活リズムの改善、心の通う仲間づくりを応援します。

TEL 03-5750-1741　FAX 03-5750-0734
メール nevermind@happy-science.org

## ユー・アー・エンゼル！（あなたは天使！）運動

障害児の不安や悩みに取り組み、ご両親を励まし、勇気づける、障害児支援のボランティア運動です。学生や経験豊富なボランティアを中心に、全国各地で、障害児向けの信仰教育を行っています。保護者向けには、交流会や、医療者・特別支援教育者による勉強会、メール相談を行っています。

TEL 03-5750-1741　FAX 03-5750-0734
メール you-are-angel@happy-science.org

## シニア・プラン21

生涯反省で人生を再生・新生し、希望に満ちた生涯現役人生を生きる仏法真理道場です。週1回、開催される研修には、年齢を問わず、多くの方が参加しています。現在、全国8カ所（東京、名古屋、大阪、福岡、新潟、仙台、札幌、千葉）で開校中です。

東京校 TEL 03-6384-0778　FAX 03-6384-0779
メール senior-plan@kofuku-no-kagaku.or.jp

# 入会のご案内

## あなたも、幸福の科学に集い、ほんとうの幸福を見つけてみませんか？

幸福の科学では、大川隆法総裁が説く仏法真理をもとに、
「どうすれば幸福になれるのか、また、
他の人を幸福にできるのか」を学び、実践しています。

### 入会

大川隆法総裁の教えを信じ、学ぼうとする方なら、どなたでも入会できます。入会された方には、『入会版「正心法語」』が授与されます。（入会の奉納は1,000円目安です）

**ネット**でも**入会**できます。詳しくは、下記URLへ。
**happy-science.jp/joinus**

### 三帰《さんき》誓願《せいがん》

仏弟子としてさらに信仰を深めたい方は、仏・法・僧の三宝への帰依を誓う「三帰誓願式」を受けることができます。三帰誓願者には、『仏説・正心法語』『祈願文①』『祈願文②』『エル・カンターレへの祈り』が授与されます。

### 植福《しょくふく》の会

植福は、ユートピア建設のために、自分の富を差し出す尊い布施の行為です。布施の機会として、毎月1口1,000円からお申込みいただける、「植福の会」がございます。

「植福の会」に参加された方のうちご希望の方には、幸福の科学の小冊子（毎月1回）をお送りいたします。詳しくは、下記の電話番号までお問い合わせください。

月刊「幸福の科学」

ザ・伝道

ヤング・ブッダ

ヘルメス・エンゼルズ

INFORMATION
**幸福の科学サービスセンター**
**TEL. 03-5793-1727**（受付時間 火〜金：10〜20時／土・日：10〜18時）
宗教法人 幸福の科学 公式サイト **happy-science.jp**